메아리

메아리

고임순 수필집

신아출판사

— 영감의 원천인 남편에게 이 책을 바친다.

■ 머리말

산을 오르다

열두 번째 수필집 ≪메아리≫를 내며

그저 산이 좋아 나는 자주 등산을 한다.
오를수록 달라지는 산 풍광이 이채롭다.
잠깐 쉬었다 가려고 해도 나를 잡아끄는 푸른 정기
그 오묘한 매력 때문에 멈출 수 없어 계속 올라간다.

저 멀리에 유년의 초록빛 뜰이 아른거린다
그 빛이 투영된 언어들을 찾아 글 한 편 쓰기 시작하고
어제만 같은 그 시절 하 그리워 내 주변 이야기 엮으며
살아온 세월, 그 추억에 잠기며 계속 올라간다.

얼마나 올라갔을까. 비바람이 분다. 은발이 날린다.
다리가 휘청거려 잠깐 쉬면서 눈을 크게 뜨고 바라본다.
뒤돌아보면 아찔 현기증 나도록 걸어온 여든 고갯 길
우러르면 산 정상은 보이지 않고 하늘만이 요원하다.

지난 세월 뒤안길에 흩어진 신작 수필들이 고개를 든다.
이쯤해서 책을 꾸려 볼까 간절해지니 옛글도 애착이 간다.

산 정상이 보이기 전에 수필집을 내고 싶다. 그리고 다시 정상을 향해 쉬지 않고 올라가리라.

귀한 평설로 격려해주신 김우종 교수님께 심심한 감사를 올립니다. 그리고 《계간수필》 평으로 빛내주시고 떠난 김영만 수필가님을 잊을 수 없습니다.

선뜻 출판을 맡아주신 고향 전주 '신아출판사' 서정환 사장님과 이정현 편집자님께도 고마운 마음 금치 못합니다. 아울러 아낌없는 우정으로 따뜻하게 대해준 선후배 지인들에게도 고개 숙입니다.

그리고 든든한 울타리, 사랑하는 3남매 내외, 3손자 2손녀의 응원에 힘입어 글을 쓰고 건강하게 살고 있음을 하나님께 감사드립니다. 다시 한 번 모두에게 감사드립니다.

2016년 5월 신록 눈 부시는 대관령 松雲山房에서

예온 고임순 高琳順

■ 차례

2
국화 그리는 밤

3

감사하는 마음

4
자작나무로 서다

5
사립문

평설

I. 활을 쏘다

푸른 東海가에 푸른 民族이 살고 있다 太陽같이 다시
솟는 永遠한 不死身이다 苦難을 박차고 일어서라
빛나는 來日이 證言하리라 山첩첩 물겹겹 아름답다
내 나라여 自由와 正義와 사랑 위에 오래거라 내 歷史여
가슴에 손 얹고 비는 말씀이 겨레 잘 살게 하옵소서
錄鷺山李殷相先生詩 於養德軒 南窓 六珠岸 高琳順

푸른 민족 노산 이은상 시, 70×200cm, 2016

鷺山 李殷相(1903~1982) 선생이 1962. 7. 동해에서 지은 시로 애국 애족 사랑이 깊이 스며 있는 작품이다.
우리 겨레의 앞날에 더욱 더 행복이 중첩되기를 기원하고 있다.
온 겨레가 하나로 뭉친 오늘날 눈부시게 발전한 한국을 내다본 것 같은 시다. (서울 '영인문학관' 소장)
붓을 들어 대작을 쓸 때는 마음 가다듬고 활 쏘는 긴장감과 인내심으로 쓴다.

활을 쏘다

아카시 꽃향기 싱그러운 5월, 내 생일이 되면 꺼내보는 사진 한 장이 있다. 아련하고 아득하고 아스라한 추억, 흰 모자 쓰고 미소 띤 내 백일 사진. 빛바랜 공간에 희미하게 남은 아버지 친필인 연도, 이름. '君子亭'이란 글씨가 그리운 밀물처럼 밀려온다.

후백제의 고도 전주(全州)를 상징하는 완산칠봉은 빼어난 수려함으로 전주 8경의 하나로 손꼽힌다. 이곳에 자리하고 있는 '군자정'은 활터로 유명하여 조선조 현종 3년(1662), 전주 유지들이 세워 활을 쏘며 교육하는 장소로 활용, 딸린 과녁판은 정자 동편에 세워져 있었다.

내가 어떻게 이 유명한 곳에서 태어났는지 의아심이 들었는데 알고 보니 아버지께서 직장을 제주에서 전주로 발령받

자 미처 집을 구하지 못해, 임시로 머문 이 정자 숙소에서 내가 고고성을 울렸다고 한다. 이 천혜의 초원 뜰에서 오빠와 뛰놀다가 활터에서 어른들 활 쏘는 신기한 모습을 보며 자랐다.

어머니는 내가 서너 살 때, 혼자 집 잘 보라 하고 연필과 종이를 주고 외출하고 돌아와 보면 동그라미, 삼각, 사각, 가위표 등을 그리며 삼매경에 빠져 있다고 말씀하시곤 했다. 아버지는 궁도(弓道)는 심신을 단련, 올바른 인격을 기르는 운동이라며 활쏘기를 즐기시는 한편, 붓글씨를 쓰고 자작시를 읊으셨는데 나는 늘 그 모습을 눈부시게 우러러 보았다.

여섯 살 무렵, 매곡교(梅谷橋) 아래, 맑은 물 흐르는 전주천 부근의 한옥으로 이사. 비누바구니를 들고 어머니 따라간 빨래터에서 양말을 빨고 걸레도 빨며 제법 큰딸 노릇을 했다. 여자는 그저 살림을 배워 시집가 잘사는 것이 으뜸이라는 어머니 말씀을 귓등으로 듣고 집에 돌아와서는 사랑방에서 먹을 갈면서 꿈을 키웠다.

이런 나를 눈여겨보신 아버지께서 어느 날, 내 손에 붓을 쥐어 주고 붓글씨 쓰는 법을 가르쳐 주셨다. 가슴을 펴 단정한 자세로 붓대를 수직으로 세우고 붓을 쥔 세 손가락을 연꽃 모양으로 오므려, 온 정신을 붓끝에 집중, 종이 위를 밀고 나가야 한다며 시범을 보여주셨다.

부드러운 붓끝으로 태어나는 글씨가 얼마나 신기한지. 이 새로운 세계에 들어간 호기심. 특히 붓글씨 쓰기는 활쏘기와 같다는 말씀이 내 호기심을 부추겼다. 붓끝에 온 정신을 집중하여 운필함은 바로 과녁을 응시, 인내심을 길러 주는 활쏘기 운동이라고. 나는 '군자정'에서 활 쏘던 어르신들 모습을 떠올리면서 붓글씨를 썼다.

오빠는 조용하고 정 많은 성품으로 독서를 즐겨 시인을 꿈꾸는 문학도였다. 무척 나를 귀여워해 엄동설한의 칼바람 속 등굣길에 손발이 얼어 학교에 가지 않으려고 울며 떼쓰면 내 책가방을 들어주고 언 손을 호주머니에 넣고 바람막이가 되어 주었다. 다리를 건널 때면 고마워서 눈물이 핑 돌았다.

손재주 많은 오빠는 헌 우산대로 활을 만들다 말고 부지런히 V자 모양 나무 가지를 잘라 양쪽에 고무줄을 연결하여 새총을 만들었다.

올무 속에 쌀, 빵조각 등, 먹이를 놓고 새를 유인하여 쏘아 잡는 일. 나는 여러 번 시도했으나 실패를 거듭했다. 그러나 새를 겨냥하여 잡으려고 집중했던 긴장감을 체험한 것으로 만족했다. 그때 바로 활을 쏘는 묘미를 터득한 것이다.

중학생이 된 오빠는 문학 동아리를 만들고 ≪기린봉≫이라는 동인지에 창(窓)이라는 아호로 〈갈대〉라는 시를 발표하며 나에게는 일기장에 쓴 문장을 첨삭해주고 수필의 길을 열어 주었다. 나도 오빠 따라 세계문학 전집을 읽으며 문학가의 꿈을 키우면서 오빠의 시를 모방하여 시를 지어보곤 했다.

세 살 버릇 여든까지 갔는가. 세월에 감겨 온 소중한 추억들, 내 인생길 열려 첫 걸음부터 감수성 예민한 소녀기까지. 바람은 가슴 사무치는 향수(鄕愁)를 싣고 와 몽롱한 일상을 깨워 흔드는가. 어머니는 여자의 길을 일러주시고 오빠는 문학의 향기와 피붙이 정을 쏟아주고 아버지는 붓글씨쓰기와 활쏘기 교훈을 심어 주셨음에 감사 충만했던, 행복 가득한 시절이었다.

나는 지금까지 그 순수했던 황금기의 밑거름을 버팀목으로 붓글씨와 수필쓰기에 매진했다. 주제를 설정, 원고지 칸에 체험을 메우면서 자칫 방향을 벗어나 헤맬 때 과녁을 찾아 주제를 관통시키면 나 나름의 수필 한 편이 태어났다. 어느 시인도 "언어를 표현 수단으로 하는 문학 작품 쓰기는 언어의 심장을 겨냥해 날아가는 화살과 같다."고 말하지 않았는가.

그런데 나는 그렇게 하고 싶었던 활쏘기를 한 번도 해보지 못하고 세월만 흘러 보내고 말았다. 어느 날 꿈에 그리던 고향을 찾아 갔는데 요람터 완산칠봉은 딴 세상으로 변해 있었다. 군자정은 가련당이라는 경로당이 된 지 오래이고 활터는 다가공원 입구에 있는 천양정(穿楊亭)으로 합정되어 남녀 궁수(弓手)들이 활을 쏘고 있었다.

유년의 꿈이 되살아나는 오묘한 세계. 한 달 3만 원의 강습비를 내기로 하고 강사의 가르침을 따라 활을 잡아보니 비교적 가벼웠다. 가슴을 펴고 과녁을 향해 힘껏 활을 쏘았다. 탁 트인 하늘 아래 내 힘만큼 날아간 화살, 참으로 신비한 운동이었다.

지난 11월 중순, '문학의 집 서울'에서 초대되어 개최한 '14회 서화 전시회' 그 작품 준비에 먹을 갈고 화선지를 폈다. 하늘이 내리신 한 달간의 전시회, 이 절호의 기회에 도전하느라 여념이 없는 나날을 보냈다. 과녁에 뜬 한글작품 노산 선생의 시 〈푸른 민족〉 전장 앞에서 침묵 또 침묵하니. 나도 모르게 힘이 불끈 솟아 정신을 가다듬고 심혼을 쏟아 힙껏 활을 쏘았다.

붓글씨 쓰기는 활쏘기와 같다는 아버지 말씀이 떠오르자, 눈앞에 '군자정' 활터가 아른거렸다. 시위를 떠난 화살이 과녁을 향해 날아가듯 먹물을 머금은 붓끝이 흰 종이 위를 달리며 찍어낸 묵흔(墨痕)들은 어느 때보다 힘이 넘쳐 있었다.

순간 나 자신을 돌아보았다. 나는 아직 과녁을 향해 날아가고 있는 화살인가 하고. 언제쯤, 어디쯤, 그 과녁이 있을까. 그리고 나는 그나마 과녁에 꽂혔다고 할 만한 삶을 마무리할 수 있을까 상념에 잠겼다.

(2016. 3.)

가을 편지

— 어머니에게

맑게 갠 하늘 아래 온 산야는 단풍이 곱게 물든 지금은 가을이 한창입니다. 이맘때가 되면 어머님께서 생전에 즐겨 앉아 계시던 목련나무 아래에 눈길이 머뭅니다. 오늘 나도 그곳에 나와 앉아 조용히 어머니를 불러봅니다. 눈앞이 훤하게 밝아오는군요.

어머니께서 공들여 가꾸어주신 '나'라는 나무는 이제 무성한 잎새로 덮여 가지마다 휘어져 어쩔 수 없이 단풍이 들어버렸네요. 살아갈수록 왜 그리 힘들고 가슴 답답한지요. 오늘은 어머니와 이야기 나누며 가슴을 비우고 싶습니다. "너도 금방 늙는다. 웃어른께 섭섭하게 하지 마라." 말씀하시던 낮은 목소리가 들립니다.

어머니.

내가 시집가던 날, 내가 입은 웨딩드레스가 마치 학의 날개 같이 너무나 새하얗고 눈부셔 눈물을 삼키셨다는 어머니. 어린 자식 물가에 내보내듯 "몸 조심하고 제발 성미 죽이고 참고 살아야 한다, 여자이니까."를 몇 번이고 되풀이하시던 어머니. 그 말씀 속에는 훨훨 날 수 있는 날개를 접어버린 딸에 대한 아쉬움이 고뇌로 이어져 연민의 정이 스며져 있었지요.

그때 어머니 눈물의 뜻을 살아가면서 터득했습니다. 하고 싶었던 그 많은 일에 잠시 쉼표를 찍고 나는 씩씩하게 시집살이 속에서 세 아이 낳고 키우며 어머니 말씀을 교훈으로 삼았습니다. 그리고 자주 찾아오셔서 말없이 사랑의 실천을 해주셨지요. 가진 것은 두 손밖에 없다 하시고 밀린 빨래와 청소를 해주시며 나에게 먹을 가는 시간을 제공해주신 사랑을 잊을 수가 없습니다.

"여자가 가정을 꾸려 아이를 낳고 키운다는 것은 누구나 할 수 있는 일이다. 사람은 자기만이 할 수 있는 특별한 일을 해야 한다." 어머니 혼 담긴 이 말씀은 오늘까지 내 삶을 이끌어주신 활력소였습니다. 그때 불혹의 나이에 회의에 빠져버린 나는 자신을 자학하고 고뇌로 가득했지요.

그때부터 나 자신을 찾기 위한 몸부림이 시작되었습니다. 인간에게 갈등이 없다는 것은 자아 상실이 아닌가요. 갈등을 피한다는 것은 자기 자신을 버리는 것이므로 나는 이 갈등 앞에서 과감히 맞서 싸웠습니다.

어머니.

그 곱던 어머니가 80산수(傘壽)를 바라보시는 성성한 백발로 이 나무 그늘에 쉬시며 낙엽을 줍던 모습을 그려봅니다. "너도 금방이다. 살아서 많은 일을 하지 않으면 한만 남는다."하시며 안경 너머 눈물을 훔치시던 주름투성이 손등이 눈에 아른거립니다. 굽은 등 펴시며 마당 구석구석을 깨끗하게 청소해주시던 그 사랑을 잊을 수가 없군요.

유치원에 데리고 다니시던 당신의 첫 손녀도 이제 시집을 가서 벌써 남매의 어미가 되어 불혹을 넘었습니다. 결혼식 날, 백합꽃같이 고운 웨딩드레스를 입은 딸 모습을 본 순간 나도 어머니처럼 눈물을 흘리고 말았습니다. 참으려 했는데 가슴 한복판이 무너져 내린듯 그렇게 허전할 수가 없었습니다.

결혼하여 아내, 며느리, 어머니, 할머니로 살아가는 여자의 길. 여자만이 겪는 진통의 아픔을 공유하고 감당해야 하는 모녀의 운명은 고귀하기 때문에 한없이 슬프기만 하는 것일까요. 여자이기 때문에 우리는 늘 눈물을 감추고 살아야 하는데 딸은 첫딸을 낳았습니다.

여자의 일생 가운데 불혹의 고개는 어떤 전환점일까요. 지금 그 고개를 넘으려는 딸은 열린 세계를 향해 새 삶을 창조하려고 몸부림 치고 있습니다. 여자의 삶은 끝없는 전투이므로 때로는 과감하게 싸우기도 해야 하는 각오가 필요함을 지금 절실히 느낍니다.

어머니.

우리 여자들 승리의 삶은 어떤 것일까요. 살아갈수록 회의에 빠집니다. 여자로서 인격의 존엄성이 무참히 짓밟힐 때 절대 용서할 수 없는 것이지요. 어떤 배신 앞에서 말입니다. 그래서 여자의 삶은 투쟁의 연속인지 모릅니다.

바람이 붑니다. 나뭇가지에 남은 잎새들이 우수수 비처럼 떨어지는군요. 오늘은 서리가 내린다는 상강입니다. 그래서 바람이 쌀쌀합니다. 그런데 가슴 언저리는 왜 이렇게 훈훈하게 젖어 옵니까. 위로 어머니가 계시고 아래로 딸이 건재하고 있다는 행복감에 가슴이 뿌듯합니다.

어머니와 나와 딸과의 삼위일체. 언젠가 나는 이 중간 지점을 딸에게 물려줄 날이 오겠지요. 그날까지 나는 어머니에게 받은 사랑만큼을 딸에게 몽땅 쏟아 부으려고 합니다.

이제 일어나 저녁밥을 지어야겠습니다. 오늘 밤 꿈속에서 만나 뵙고 못다한 이야기 털어놓고 싶군요. 지금 내가 감당해야 할 힘들고 어려운 문제를 다 해결해 주십시오. 그 따뜻한 품속에 파묻혀 위로 받고 싶습니다. 안녕히 계세요.

어머니.

(1997. 10.)

어떤 약속

— 오빠 생각

너무나도 화창한 가을날이다.

차라리 비라도 주룩주룩 내렸으면 좋으련만, 남창으로 유난히 따사로운 햇살이 쏟아져 내리는 날이면 내 가슴 언저리가 소금 뿌린 듯 저려온다. 그 햇살이 수도 없이 가시처럼 가슴에 박혀 숨통을 막는 것 같다. 이렇게 햇살이 아픔인 줄 안 것은 지난 가을부터였다.

파주 기독교 묘지에 부서져 내리던 가을 햇살. 티 없이 맑은 하늘 우러르면 눈이 부셔서 곧바로 눈을 뜰 수가 없었다. 고개를 돌리면 마주치는 샛노란 은행잎과 핏빛 단풍잎이 어지러워 현기증이 일면 무더기로 군락을 이룬 갈대밭 흐느낌이 바람에 흔들리며 내 허한 가슴을 쓸어대는 대낮, 온 누리를 고루고루 비추어주는 햇빛은 하관 예배를 드리는 목사님과 가족 친지 성도들의 찬송 소리마저도 감싸 안은 듯했다. 그 햇살을 등지고 오빠는 끝내 흙으로 돌아가고 말았다. 오열을 삼키고 돌아선 내 가슴으로 파도치는 갈대들의 몸부림이 오빠의 시가 되어 살아나고 있었다.

> 몸부림치는구나 갈대야 몸부림치는구나
> 너에겐 노래도 없다지만
> 그래도 노래한다고 노래한다고.
>
> — 高窓 기린봉 (동인시집) 1948. 11.

죽음은 약속의 상실이다. 오빠는 많은 사람과의 약속을 저버리고 훌쩍 떠나가 버렸다. 목사님과의 예배약속도 친구들과의 등산 약속도 C 시인과의 점심 약속도 형제들과의 야유회 약속도 다 다음으로 하자더니 끝내 지킬 수 없게 되었다.

나하고는 어릴 적부터 꿈처럼 가꾸어온 세상에서 가장 소중한 약속이 하나 있었다. 오누이 문집을 엮어 보자는 약속. 그런데 더 좋은 글을 쓴 다음으로 하자고 자꾸 미루다가 그만 오늘이 되어버렸다. 산을 내려오면서 갈대를 꺾어 한 아름 안고 하늘을 향해 소리쳤다. "사랑하는 오빠, 안녕히 가세요."

우리는 시간에 쫓기어 살면서 항상 바쁘다고 아무렇지도 않게 약속을 내일로 미룬다. 내일은 오늘의 연장이라는 생각으로 아주 가볍게 말이다. 그리고는 쉽게 시간 속에 안주해 버린다. 그러나 우리가 내일 일을 예측할 수 있다면 왜 약속을 미루겠는가. 우리에게 주어진 시간은 한정되어 있다는 것을 너무나도 잘 알고 있으면서도 우리는 번번이 약속을 미루고 후회한다. 내일은 오늘과는 얼마나 다른가.

평생을 잡지 출판계에 종사한 오빠는 이순의 나이에 E출판사 상무로 50년사 편집에 열정을 쏟으며 헌신했다. 안국동에 자리한 출판사와 인사동 골목에 있는 내 서실하고는 길 하나 건너면 만날 수 있는 지척에 있었다. 그런데도 우리는 자주 만나지 못하고 점심 한 번 변변히 함께 먹지를 못했다.

어쩌다 시간 내어 찾아가면 오빠의 자리는 비어있었고 전화로 서로 안부 묻기도 힘들었다. 겨우 점심 약속을 해놓고도 바쁘다고 다음으로 미루기 일쑤였다. 하고 싶은 이야기 가슴에 담았다가 만나면 한꺼번에 풀어놓으리라는 생각만으로도 마음은 항상 뿌듯했다.

이 세상을 사는 모든 사람들은 해야 할 일이 있고 그 일을 하기 위해 산다고들 한다. 그러나 일이란 것이 사람을 의욕적으로 살리기도 하지만 때로 지쳐 쓰러지게도 한다. 오빠에게 주어진 산더미 같은 일은 꼬리에 꼬리를 물고 있어서 건강을 챙길 틈을 주지 않았다. 늘 피곤을 느끼고 감기를 앓던 오빠가 급기야 폐암 선고를 받고 말았다. 일이란 것이 오빠 생명을 단축시켰던 것이다.

병자에게 주어진 시간은 어찌 그리 빨리도 흘러가는지. 오빠 몸에 착상된 암세포는 사탄처럼 무서운 위력으로 번져갔다. 6개월 시한부 인생을 살면서 오빠는 편안하게 운명을 받아들였다. 의사의 지시를 순순히 따라 고통스러운 항암 치료도 묵묵히 받은 것이다.

세브란스 병원 오빠 병실에는 많은 문병객이 줄을 이었다. 나는 오빠가 그렇게 좋아하던 백합꽃을 들고 매일 찾아갔다. 우리 백합꽃처럼 순수했던 10대, 동인동 옛집, 정원에 피었던 꽃 앞에서 사진을 찍어주고 내가 쓴 시 〈백합꽃〉을 첨삭해주던 인자한 마음씨의 오빠. 그 따뜻한 손을 꼭 잡으면 웃음 띤 얼굴로 빨리 일어나서 모든 약속을 다 지키겠다고 여유 있게 말했다.

그러나 오빠는 많은 약속을 사람들의 가슴에 묻어둔 채 조용히 떠나갔다. 갈대 우거진 유년의 전주천 강가, 저 하늘 멀리 날아가 버린 실 끊어진 가오리연처럼.

오빠의 부음을 듣고 뛰어온 C 시인의 말이 나를 울렸다. "세상에 이럴 수가 어디 있어요! 만나기로 약속했으면 빨리 만났어야지요! 우리는 사는 동안 만나고 싶은 사람이 있으면 빨리 빨리 만나야 해요." 햇빛이 화창한 날은 그 말이 더욱 가슴을 후벼파듯 다가왔다.

(1997. 9.)

빨간 의자

아침 일찍 일어나 서둘렀다. 머플러 두른 민얼굴에 색안경 끼고 허술한 잠바에 운동화 신고 집을 나섰다. 마치 건축 현장에 나가는 노동자처럼. 일터로 가는 사람들로 붐비는 지하철 손잡이에 매달려 을지로 4가역에서 내려 8번 출구 계단을 올라가 곧장 걸어갔다.

퇴계로 방면으로 한 블럭 더 가면 중구 청 4거리가 나오는데 여기서 좌회전, 60미터쯤 가면 한때 유명한 희극배우의 단골집 오장동 함흥 냉면집이 나온다. 지금도 성업 중이어서 새콤달콤한 양념 냄새가 발목을 잡는다.

나는 그 앞 몇 집을 지나 컬러표지 인쇄 전문집 '금성문화사' 문을 들어섰다. 천장까지 쌓여 있는 종이 뭉치, 귀가 멍멍해지는 소음 속에서 젊은 직원이 컬러 인쇄에 열중하고 있었다. 내가 이곳에 온 것은 수필집 표지그림을 새로 제작하기 위해서다.

어제, 원효로 '정림지류사'에서 표지지와 본문지를 구입, 이곳으로 운반해 놓았기에 오늘 새로 제작을 감행하려고 직접 현장에 나왔다. 표지 색상의 농도를 지켜보며 기계만을 믿을 수 없어 정신집중, 컬러잉크 색을 조절하며 수정을 거듭하자 원본 못지않은 그림이 나왔다.

나는 쉴새없이 오후에도 건너편 '한성인쇄사'를 찾아가 다시 인쇄하게 되었음을 알리고 그 건물 지하, 기계 소리 요란한 '반도제책사'를 찾아 새 표시를 작업했으니 그림이 손상되지 않도록 주의하여 작업해줄 것을 당부했다. 모두들 내 요구를 쾌히 받아주어 고마웠다.

나는 지금 성경 속 과부 룻처럼 이삭을 줍고 다니는 것일까. 생전에 남편이 거두던 볏단에서 떨어진 이삭들을. 나는 지금 혼자 남은 외로움과 정면으로 승부를 걸기 위해 발동을 걸었다. 이 역경을 극복하고 건전하고 생산적인 활동의 기회로 활용, 서적 출판을 시작하고 발 닿는 곳을 뛰어다니는 것이다. 보이지 않은 남편이 이끄는 데로…….

얼마나 돌아다녔을까. 어둠이 깔리자 더 활기 띠는 거리. 인쇄물을 운반하는 오토바이와 신간 서적들을 가득 실은 트럭들이 전쟁터 탱크처럼 밀어 닥치는 사이를 요리저리 피하며 곡예하듯 뚫고 다니자니 다리가 휘청거렸다.

기진맥진해 집으로 돌아가려고 을지로 4가 지하철 입구로 가는데 오른편 가구 도매점 밖에 진열되어 있는 의자들에 눈길이 갔다. 나를 사로잡는 빨간 의자. 황무지에 핀 붉은 장미 같기도 하고 어둠을 밝히는 등불 같아 그 앞에서 발을 멈췄다.

둥근 모양의 등받이와 앉는 자리의 무늬가 흡사 사슴 무리들이 앞다투어 달려가는 모습 같고 그 무늬들 사이사이는 숭숭 구멍이 뚫린 시원한 여름용 철제 의자. 얼마냐고 물으며 지친 몸을 내려놓고 그대로 주저앉고 말았다.

빛이 있음에 색은 더 뚜렷해지는 것일까. 청명한 대낮, 을지로에서 내 아파트 베란다로 옮겨 온 빨간 의자에 앉아 보았다. 등받이가 허리를 꼿꼿하게 받쳐주고 양쪽 팔, 맨살에 닿는 철제 촉감이 얼마나 시원한지. 정감 넘치는 빨간빛이 온 몸을 휘감는 게 아닌가.

창밖으로 하늘에 뜬 흰 구름을 바라보며 나는 어제 배달된 수필집 ≪구름유희≫를 손에 들었다. 하반영 화백의 절묘한 입체적 표지화. 보면 볼수록 구름의 여러 형태를 상상, 포착하며 감상할 수 있는 매혹적인 흡인력에 빨려들어갔다.

그리고 구름의 유연성을 살려 쓴 제목 한글 궁체, 연구에 연구를 거듭하여 쓴 표지 글씨를 바라보는 눈이 촉촉하게 젖어온다. 이 수필집의 탄생은 슬픔을 이기고 인쇄소 골목을 누비고 다닌 열정과 건강만으로 감사 충만했다.

빨간 의자에 앉아 숨 막히게 달려온 내 삶에 쉼표를 찍고 책장을 넘기며 회상에 잠긴다. 빨간색은 심장을 상징, 타오르는 사랑의 빛으로 색 중 파장(波長)이 가장 길다고 한다. 부모사랑, 부부사랑, 형제사랑, 자식사랑, 손자사랑, 이웃사랑, 일사랑 등.

그 사랑의 힘이 돌을 깎아 옥을 빚듯 나에게 한 편의 수필을 쓰게 하는 원동력이 아닌가. 이 세상에 존재하는 모든 사물은 그 색채만으로 우리의 감성을 자극한다는 것임을 알았다. 하나의 색이 전하는 연상 이미지는 흔히 생각하는 것 이상으로 다양하다는 것도.

정감 어린 따뜻한 이미지를 주는 빨간색, 내게 활력을 주고 재충전의 기회를 주며 즐겁게 삶을 이끌어 주는 색채, 이 의자에 앉아 그냥 두 다리를 내려놓고 있기만 해도 내 삶이 조금은 연장 되는 것만 같다.

(2012. 6.)

카스텔라의 추억

이 세상에 이보다 더 부드럽고 감미로운 음식이 있을까. 나가사키 녹차 카스텔라 한 쪽을 입에 넣으니 그대로 사르르 녹으며 목을 타고 내려가 몸 구석구석을 따뜻하게 데워준다. 그러자 시나브로 손자의 사랑이 번지면서 나를 감싸주는 게 아닌가.

벌써 대학생이 된 장손이 겨울 방학을 맞아 동아리 친구들과 2박 3일, 일본 나가사키 여행길에 사온 선물이다. “그곳 특산물로 담백한 맛이 독특하여 할머니 맛보시라고요.” 손자는 배낭 속에서 꾸역꾸역 비닐에 싼 쇼핑백을 꺼내며 활짝 웃었다. 순간, 나는 바다처럼 넓어져 파도치는 가슴으로 손자를 끌어안으며 말할 수 없는 행복감에 젖었다.

정성스레 포장된 상자 속에는 독특한 그린 티 향의 달콤한 카스텔라와 함께 엽서만 한 크기의 설명서가 들어있어 호기심을 불러일으켰다. 이곳에서 이 과자를 만들어 유명해진 동기와 함께 마음 푸근해지는 문학의 맛이 있다는 글귀에 눈이 멎었다.

'문학의 맛'이라니. 읽어보니 이곳 출생 작가의 하이쿠. '카스텔라 향기에 취하면 떠오르는 그리운 어머니 모습' 에 이어 유명한 〈나생문(羅生門)〉 작가 아쿠타가와 류노스케(芥川龍之介)가 동경으로 카스텔라와 함께 부쳐 보낸 편지 글. "여러분, 큼직하게 잘라서 많이많이 드시기를." 그리고 〈달밤〉의 시인 기타하라 학슈(北原白秋)도 즐겨 먹었기 때문이라고.

추억은 그리움의 반추인가. 문득 나에게도 카스텔라의 추억이 있어 어머니 얼굴이 떠오르자 가슴 한복판이 소금 뿌린 듯 아려왔다. 막 결혼했던 50년대 말 새색시 시절, 종로 2가 '고려당'에 들어가면 계란 노른자가 살아난 듯 샛노란 카스텔라는 케이크 중 왕이었다. 값도 비싸 고급품으로 결혼식 예물로 사용하기도 했던 시절이다.

기품 있는 향기가 코끝에 머물면 왈칵 어머니가 그리워 두 상자를 사 들고 부랴부랴 인천행 버스를 탔다. 행여 강바람에 향기 날아가랴, 상자를 꼭 가슴에 안고 한강을 달려가 친정집 대문에 들어서면 반기시는 부모님. 특히 어금니가 부실한 어머님이 씹지 않고 우물우물 넘기기 수월하다고 퍽이나 좋아하셨다.

맛도 좋고 먹기도 수월하지만 소화제처럼 체증을 말끔히 뚫어준다 하시며 거뜬히 한 상자를 비우셨다. 방안에 퍼지던 향기 속에 소녀처럼 해맑게 웃으시던 어머니 얼굴을 어찌 잊으랴. 그런데 살아갈수록 뭐가 그리 바쁜지 친정 나들이가 점점 뜸해진 어느 날, 뇌졸중으로 쓰러지신 어머니.

나는 허겁지겁 카스텔라 상자를 안고 달려갔지만 누가 오는지도 모르고 눈을 감은 채 누워계셨다. 깊은 회한(悔恨)의 늪에 빠져버린 나는 아무것도 드시지 못하는 어머니께 카스텔라 한 쪽을 요구르트에 적셔 입에 넣어드리면서 울음을 삼켰다. 저녁이 되자 형제들 모두가 모여 어머니 머리맡을 지켰다.

이렇게 하루가 가고 이틀이 가고 열흘이 지난 어느 날, 어머니의 따뜻한 손을 잡고 기도로 밤을 지새우고 있는데 점점 손이 식어가는 어머니는 그렇게도 즐기시던 음식을 마다 하시고 우리 곁을 영영 떠나가시고 말았다. 이 세상에서 묘약이 되었던 그 소중한 카스텔라 한 덩어리를 머리맡에 남긴 채. 나는 그것을 손에 들고 얼마나 울었는지 모른다.

가슴에 스며드는 카스텔라 한 모금이 남겨준 긴 여운이여. 나는 지금, 오랫동안 세월과 함께 아련해진 기억들이 다시 고개를 드는 노경에 이르렀다. 손자가 사온 카스텔라의 순한 빛깔과 기품 있는 향기에 매료되고 마는 아침 식탁. 우유와 함께 한쪽을 입에 넣으면 부실한 어금니 너머로 목을 타고 온몸으로 퍼지는 포만감. 그리고 밀려오는 그리움.

나에게도 수상이 떠올라 글 한 편 쓰기에 매달리고 있지 않는가. 컴퓨터 화면에 뜬 절절한 그리움이 카스텔라 향기에 취하여 문장을 밀고 가면 자판을 두드리는 손끝에 힘이 솟아 나 나름대로 문학의 향기가 스민 글이 탄생하기를 기대해본다.

새벽 호수처럼 가라앉은 내 마음에 하 그리운 추억의 파문을 이는 나가사키 카스텔라. 아침마다 나를 위로하며 즐겁게 하는 그 담백하고 독특한 맛은 오랫동안 내 몸속에 녹차 향으로 남아 사라지지 않을 것이다. 그 향보다 더 진하게 향기로운 손자 광현(光炫)이의 '할머니 사랑'과 함께.

(2012. 9.)

내 글쓰기의 원천

— 고향 전주 산천

호남의 고도, 전주에서 태어나 자란 나는 생긴 그대로의 얼굴과 목소리로 살면서 나만의 언어를 갖고 싶었다. 유년을 추억하면 떠오르는 초록빛 뜰, 그 빛이 투영된 언어들을 찾아내어 수를 놓고 조각보를 이어가듯 엮는 작업, 그러한 수필 한 편 쓰기는 내 평생의 소원이었다.

진실을 고백하는 자조문학인 수필쓰기는 자기 언어로 표현하는 심적 나상이다. 어쩌면 그것은 불모의 땅에 생기를 불어넣어 푸른 초원을 가꾸게 하고 생명의 신비로움을 드러내는 작업인지 모른다. 그래서 그 속에서 다시 태어난 나 자신을 본다. 인간이 자기 눈동자를 바라볼 수 없는 것처럼 자기 스스로를 볼 수는 없지만 계속 나 자신을 추적해가며 글을 썼다.

내 글쓰기의 원천 전주. 후백제의 고도, 경관 수려한 완산 칠봉에 자리한 활터 군자정(君子亭)에서 태어나 자라면서 나는 아버지께 붓글씨를, 오빠에게 책 읽기와 글짓기를 배우며 철들었다. 완산초등학교에 들어가서는 삼나무 우거진 완산 칠봉에서 대망을 품고 꿈을 키웠다.

자주 소풍갔던 경기전(慶基殿)은 태조 이성계의 영전을 안치하기 위해 1410년에 세운 건물로 태고의 숨결이 머물고 있는 경내에서 마주친 고목들과 새소리는 내 영혼을 흔들었다. 중학교 체육시간에 올라가 체조를 하던 오목대(梧木臺)는 황산 대승을 얻은 이성계가 전승연회를 한 곳으로 오동나무 숲과 잔디밭이 눈부셨다. 그리고 내려다본 한옥마을이 얼마나 정겨웠던가.

여고시절 문예반원들이 8경의 하나인 한벽당(寒碧堂)에 올라가 글짓기에 골몰하면 강 건너 푸른 대 숲에서 부는 바람이 사춘기 가슴을 흔들었고, 굽이쳐 뻗어간 철로 따라 저 멀리로 사라지는 기차 꽁무니를 쫓으면 어디로만 가고 싶었던 꿈이 일었다. 눈을 들어 우러러본 기린봉(麒麟峰) 연산들의 산세의 아름다움은 어느 시인의 찬사처럼 마치 나르는 학(鶴)의 천년을 재는 비상의 선 같은 유연함이었다.

그리고 강물. 넓은 호남평야를 적시며 유유히 흐르는 만경강 지류인 전주천은 시민들의 생활 터전이고 아이들의 놀이터였다. 어머니 따라 빨래터에 가서 맑은 물속 차돌멩이를 줍고 다슬기를 잡으면 손이 시려 종이배를 접고 띄워 흐르는 모양을 쫓는가 하면 자갈밭에 빨래를 널고 하늘 우러러 흰구름 따라 꿈꾸던 시절.

가을에는 지천으로 깔려 운치를 더해주는 갈대밭에 앉은 고추잠자리를 잡으며 뛰어놀고, 눈 오는 겨울이면 밤새 우산대로 가오리연을 만들어 형제들과 하늘 멀리 연날리기를 하던 강가.

원고지 앞에 앉으면 떠올라 흔들리며 다가오는 정겨운 고향 산천. 그 위에 어리는 부모님 얼굴과 형제자매들 모습이 손에 쥔 펜을 밀고 갔다. 추억을 더듬으며 글을 엮어갈 때 언어와 언어가 서로 부딪혀 발하는 불꽃이 글의 생명임을 터득하면서 그 사이에 진실된 내 마음이 움직이고 있는 것을 발견하는 것이다.

살아있는 언어로 엮어내는 문장, 그 자체가 하나의 생명체여서 사람과 함께 변하고 때와 함께 움직였다. 허구가 아닌 진실체험을 바탕으로 하는 수필 쓰기란 일상적인 것, 평범한 일에 가려 숨겨져 있는 의미를 캐어내는 작업이다. 내 인생과 세계를 바라볼 때 떠오르는 고향 산천은 쉼 없이 나를 깨우고 흔들어 개안(開眼)의 계기가 되어 글 쓰는 원천이 되었다.

그 친숙했던 일상성, 그 낯익었던 추억들이 어느 날 문득 흔들릴 때 그 친숙함은 낯선 것으로 돌변하게 되지만 그러나 그 흔들림으로 해서 생긴 낯섦은 세계며 사물 그리고 인생이 내 속에서 거듭나는 단서가 되고 있음을 깨닫는다. 이렇게 경험한 흔들림의 사물들을 내 인식이며 감성의 체에 담아서 체질하듯 정성을 쏟는 글쓰기 작업은 마치 생수가 칠흑이 되는 먹 갈기에 몰입하는 시간과 상통했다.

사물과 언어와 인간, 이 삼자가 새로운 세계를 창조하려는 순간의 긴박한 현실감, 언어가 갖는 힘과 뉘앙스를 고향 전주에서 터득한 진실 체험을 통해 내면 깊은 곳에서 끄집어내기 위해 나는 오늘도 원고지와 씨름하는 것이다.

(2016. 5.)

스마트 시대를 살며

쏜살같이 흘러간 세월은 어느덧 디지털 시대에서 스마트 시대로 전환해버렸다. 그런데 나는 이 축복의 시대를 어떻게 하면 스마트하게 살 것인가 연구하는 구세대로 밀려나고 만 것이다. 생각해보면 이 스마트란 말은 생소하지 않다. 영리하고 단정하다는 뜻으로 우선 사람들을 평가하는 말로 통했던 때가 있었으니까.

6·25 전란 후 밀물처럼 밀려온 서구 문명들, 일제 잔재(殘滓)를 털어 버린 젊은이들이 영어회화를 익혀 미국유학을 선호할 때였다. ≪타임지≫를 청바지 뒷주머니에 꽂고 "스마트 하십니다." 하고 여학생 뒤를 따라다니던 대학생들이 있었다. 여학생들도 키가 훤칠한 남학생을 보면 "참 스마트하지 않니?" 하고 수군거렸다. 영어를 조금 안다고 내뱉었

던 시절.

나도 조금이라도 영어를 익혀 미국유학을 꿈꾸었으나 좌절되고 말았다. 오로지 한길 국문학 전공으로 학업을 마치고 결혼하여, 시부모님 모시고 삼남매 키우며 살림에만 충실했던 1960년대 중반. 막내 시누이가 미국 유학생과 가정을 이루고 뉴욕으로 떠나가자 시부모님은 크게 상심하시고 눈물로 세월을 보내셨다.

어쩌다 오는 시누이 전화 목소리에 위로 받으시고 이따금 손으로 쓰고 받는 편지만이 유일한 소통의 수단이었다. 그런데 편지가 오면 문맹인 시어머님에게 내가 읽어드리고 답장을 써드리기도 했다. 못 배운 게 한이지 하시며 한 숨 쉬는 시어머님 뵙기가 가슴 아픈 나는 어머니를 위로하며 이름 쓰기를 가르쳐드리면 매우 기뻐하셨다.

"어머님, 오래 오래 사셔야 해요. 앞으로 컴퓨터라는 기계에 글을 쳐서 미국에 보내면 바로 답장이 오고, 또 전화로 서로 얼굴을 보면서 통화하는 시대가 온다고 해요." "언제 그런 꿈같은 날이 오겠니?" 우리는 더 나은 미래를 그리며 과연 영상 통화를 할 수 있는 날이 올까 하고 무지개 꿈을 꾸어 보기도 했다.

그러자 세상은 날로 변해갔다. 눈뜨면 매일 혁신적인 제품이 출시되던 1980년대, 결혼식, 돌잔치, 전시회 등을 치를 때 사진 촬영을 앞지른 것은 비디오 촬영이었다. 나중에 비디오를 돌려보고 자기 모습을 발견하면 스타라도 된 것마냥 좋아했던 시절. 그리고 대학에서 강의할 때, 여기저기 삐삐가 울리면 학생들은 부랴부랴 허리 굽혀 나가기 바빴다.

이렇게 문명의 이기로 인해 오랫동안 비디오와 삐삐 유선전화가 지켜온 자리는 한순간, 스마트 TV와 휴대전화 컴퓨터 등이 대신하는 시대가 온 것이다. 사람들은 이러한 스마트한 전자제품 등으로 전화나 채팅 업무는 물론이고 쇼핑, 게임, 독서, 음악 등 및 영화 감상, 심지어 운동도 할 수 있게 되었다. 마치 거센 바람과도 같이 휘몰아치는 유행의 물결이었다.

이제 세계는 더욱 좁아져 한 울타리 안처럼 되어버린 오늘날, 컴퓨터를 익힌 나는 자판을 두드려 편지를 써서 수시로 시누이와 소통할 때면 시어머님 생각으로 가슴이 메어온다. 그리고 안식년으로 워싱턴에 가있는 막내아들 가족들과 또 영국에서 대학을 다니는 손녀와도 즐겁게 메일을 주고받으며 지척에 있는 것 같은 친근감을 느낀다.

이번 생일에 나는 가족과 많은 사람의 축하메일을 받았다. 핸드폰 문자 메시지도 함께. 그것들을 읽으면서 과연 스마트 시대임을 실감했다. 그런데 전에 그렇게 많이 받은 친필 축하 카드가 마음 뿌듯했는데 지금 반짝하고 사라지는 축하문자가 왜 그리 섭섭한지.

그런데 요즈음 스마트하게 산다는 것은 무엇일까 하고 곰

곰이 생각하게 된다. 시대를 따라 능률 있게 산다는 것일까. 그 시대에 낙오되지 않고 사는 것을 말하리라, 시어머님은 순 서울 토박이신데 서울 지리도 잘 모르시고 글자도 쓰실 줄 모르고 사셨지만 살림에는 지혜롭고 능하셨다.

손끝이 얌전하시고 그야말로 스마트하신 머리로 조상님 제삿날, 가족들의 생일 등, 집안 대소사를 차질 없이 꾸리셨다. 그 앞에서 글 좀 쓸 줄 안다고 버릇처럼 달력이나 수첩에 기록하는 내가 부끄러울 정도였다. 그때의 시어머님 나이가 되어버린 지금, 나는 스마트 시대도 모르고 사시던 시어머님을 그리면 눈시울이 뜨거워진다.

그때, 나는 시대의 첨단을 걷는 것처럼 착각하고 살았지만, 지금 영어를 구사하는 가족들 틈에 끼면 주눅이 들어버리는 구세대로 밀려나 버린 것이다. 손자 손녀들이 스마트폰으로 사진을 찍으며 원하는 것을 척척 찾는 모습이 부럽고 자랑스러우면서도 한편 내 자신이 서글퍼짐을 어찌하랴.

오랜 세월, 분신처럼 내 손아귀에 꼭 안기는 핸드폰, 과감하게 최신 스마트폰으로 바꾸고 싶은 생각이 없지 않지만 고개를 젓는다. 기계의 기능도 잘 파악하지 못하는 우둔해진 머리로 문명의 이기를 유행 따라 바꾸는 것도 허영이라는 생각이 들기 때문이다. 오래 정들어 허물없는 옛 친구 같은 구식 핸드폰으로 분수에 맞는 스마트시대를 살려고 한다.

(2013. 9.)

불빛

인류 문명의 시원을 열어준 불, 인간이 동물과 다른 점이 바로 이 불의 사용이었다. 인류의 지혜는 돌과 돌, 나무와 나무의 마찰에서 반짝이는 섬광을 발견했던 것이다. 이 부싯돌 불을 나무에 점화하여 횃불로 밤을 밝히기도 하고 차츰 기름을 이용하여 등잔불 호롱불로 이어지며 때로 촛불을 사용하기도 했다.

그러나 현대의 불빛은 전력이다. 전력은 국가 경영에 없어서는 안 될 기간산업의 중추인 것이다. 그런데 우리나라는 최근 전력 부족의 위기를 맞았다. 소득은 적으면서 전기를 흥청망청 소비했기 때문이다. 전력 성수기의 여름철 절전은 발등의 불로 떨어져 부랴부랴 에너지 절약운동을 펴기에 이른 것이다.

도심 상가의 밤, 네온사인도 규제하고 집집마다 에어컨 선풍기 대신 부채 사용을 권장했다. 전력난 극복의 지름길은 아껴 쓰는 지혜뿐임을 모두에게 각성시켰다. 그래서 절전의 생활화로 익숙해진 우리 눈은 너무나 현란한 불빛 앞에서는 불안하고 위축되었다.

예술과 꽃의 도시 파리. 지난 여름 다녀온 파리의 여름밤은 그야말로 눈부신 불빛의 축제마당이었다. 내 가슴을 불빛으로 하여 온통 뜨겁게 타오르게 했던 밤.

서쪽 하늘에 곱게 노을 지는 어스름에 나는 낭만의 유람선을 타고 센 강을 미끄러져 갔다. 상업문화 중심지인 이 도시의 한가운데를 휘어져 굽이 흐르는 센강. 왼쪽은 상업지구이고 오른쪽은 학문의 요람인 대학과 전통적인 화랑이 즐비한 곳이라고 안내방송은 영어와 일어로 설명해주기 바빴다.

시원한 강바람을 마시며 바라보는 노트르담 사원이 이채로워 〈노틀담 곱추〉 작품을 떠올리게 했다. 도시의 건물들은 대부분 가지런한 7층 정도여서 하늘이 넓게 보이는 파리. 서울의 4분의 1 정도밖에 되지 않는 도시라는데 고층건물이 없어서인지 밤하늘은 훤하게 트여 넓게 보였다.

두 시간 남짓의 유람 끝에 선착장에 돌아오니 밤하늘에 둥근 보름달이 떠오르고 있지 않는가. 그러나 이 아름다운 자연 정경을 뭉개버린 것은 휘황찬란한 불빛이었다. 여러 척의 유람선이 경쟁하듯 장식한 선박 둘레의 불빛으로 반사된 강물은 마치도 불바다를 방불케 했다.

그리고 우러르면 우뚝 솟은 에펠 탑의 눈부신 불기둥. 프랑스혁명 백 주년인 1889년에 세워졌다는 높이 307미터의 에펠 탑은 꼭대기까지 줄줄이 불빛 보석 옷을 걸친 파리의 여왕이었다. 그 아래 대낮처럼 훤한 공원에는 탑 꼭대기까지 올라가 파리의 야경을 보려는 사람들로 장사진을 이루고 있었다.

이 풍요로운 불빛, 인간의 혈맥처럼 이어 내려온 불빛의 비밀이 스며있는 도시. 그 불빛은 세월을 밝히며 이 땅에 위대한 예술을 낳게 했음인가. 하늘과 땅만이 나눌 수 있는 파리의 비밀을 안고 센 강의 물결만이 말없이 출렁대는 밤. 불야성의 도시. 불빛에 모여든 불나방처럼 세계각지에서 찾아온 관광객들은 불빛에 현혹되어 부유하고 있었다.

프랑스 국력임을 입증하고 있는 이 풍부한 전력. 아침 일찍 줄을 서서 루브르, 퐁피두, 로댕 미술관에 들어가면 한국어, 일본어, 중국어 등으로 설명하는 안내원 앞에 무더기로 모여 있는 아시아 사람들. 유명 작품 앞에는 들어설 자리가 없어 태극선을 들고 "빨리빨리"를 외쳐대는 한국 안내원 따라 나는 이곳저곳을 다녔다.

예술의 거리 몽마르트 언덕, 무명화가들이 그림을 늘어놓고 팔기도 하고 지나가는 사람을 불러 초상화를 그려주고 있는 거리는 마치 남대문 시장처럼 붐볐다. 파리 시민들은 모두 피서를 떠난 거리에는 여러 인종의 관광객들만이 북적이니 마치 이 도시에 세계를 축소해 놓은 것 같은 느낌이었다.

과연 관광왕국다운 이 풍부한 관광자원, 이 외화 수입으로 더욱 높은 국민소득의 나라. 그래서 이곳 불빛은 더욱 강렬하게 불탈 수밖에 없어 관광객들을 사로잡고 있는지 모른다. 불빛에 현혹되듯 예술작품에 빠져들고 예술작품에 도취한 눈을 밤 불빛은 더욱 환하게 열어주었다.

그래서 예술을 낳고 사랑할 수밖에 없는 민족임을 절실히 느끼게 했다. 그러나 파리의 불빛이 아무리 아름답다 해도 나에게는 하룻밤의 꿈에 지나지 않는 것을. 현란한 불빛에 노출되어 더 왜소하고 초라한 몸꼴로 귀국행 비행기에 올랐다.

나를 반겨주는 내 집 희미한 외등을 바라보며 현관문을 들어서자 비로소 현실에 부딪쳤다. 외등과 거실 전등을 끄고 안방에 앉아 부채로 바람을 일으키니 그지없이 마음이 가라앉았다. 가물가물 인정이 감도는 희미한 불빛. 그 불빛은 창호지문에 스며드는 지등(紙燈)처럼 오래전 우리 조상들이 사랑한 불빛이 아니던가. 번들거리지 않는 순박한 문화예술을 가꾸어온 숨결이 스민 값진 유산이다.

아직도 눈앞에 아롱거리는 현란한 파리의 불빛을 조용히 밀어내며 가난하지만 내 나라 내 집의 희미한 불빛을 바라보는 마음이 그렇게 편안할 수가 없는 것이다.

(1992. 8.)

남산 기슭에 묵향 풀고

—〈마음의 書〉 전시

설렘과 낭만의 계절인가 늦가을은. 단비 내려 겨울이 살포시 내려앉는 11월 20일, 아직 단풍이 남아 있는 남산 기슭을 걷노라면 발밑에 수북한 낙엽이 바람 따라 구르는 애잔한 모습에 매료되고 만다. 걸을수록 사색도 깊어지는가. 사각 사각 낙엽을 밟으며 영혼의 오솔길로 접어들 듯 걸으면 진정한 나를 만나게 된다.

이곳에 자리한 〈문학의 집 서울〉에서 초대되어 서화 전시를 열게 된 나는 엊그제 개장 테이프를 끊고 오늘 서둘러 나왔다. '시 읽는 방'을 돌아 전시실에 들어서니 은은한 묵향 속에 아스라한 유년이 피어오른다. "아브지, 여자가 붓글씨 써도 되나요?" 여섯 살 내 고사리 손에 붓을 쥐어주시고 붓글씨를 가르쳐 주신 아버지 모습과 함께.

무엇인가 재능을 엿본 딸에게 마중물 되어 쏟아 부어주신 아버지 사랑은 붓을 들고 글씨 쓰는 나에게 인내심과 세파를 이기는 의지도 함께 길러주셨다. 어쩌면 그렇게도 먹 향기가 좋은지 몰라 붓을 드는 일만이 아버지께 효도하는 길이라 여기고 붓글씨 쓰기에 열중했던 것이다.

성인이 되어 결혼한 후에도 아버지는 서예대가에게 사사 받게 해주시며 계속해서 서예가의 꿈을 키워주셨다. 그 꿈에 날개 달고 국내뿐 아니라 해외를 돌며 전시회를 열기를 13회, 이제 황혼에 이르러 귀향하듯 남산 정기 서린 산기슭, 그윽한 전시실에 작품들을 걸기에 이르러 감사하는 마음 뿌듯하다.

창밖을 우러르니 '상림문학관' 지붕 위로 떠오르는 태양이 눈부시다. 앙상한 나목가지들이 얽힌 사이로 드러난 하늘이 파란 조각보를 이은 듯. 그 위로 구름이 하얀 수를 놓는다. 눈앞 뜰에 소나무 한 그루 앙증맞고, 멀리 보이는 교목과 관목 어우른 곳에 선명한 순백의 원탁테이블과 의자들. 소곤대는 연인들 대화가 스민 낭만무대가 아닌가.

늦가을 풍경 속에서 한껏 상상의 나래를 펴 내 녹슨 감성에 온기를 불어넣는다. 창작 의욕으로 작품을 꽃피우는 문학인들과 문학을 사랑하는 시민들을 위한 문화 공간. 이 한 폭의 수채화 같은 자연 풍광 자체가 문학이요 예술의 무대인 것을. 이 영감의 원천에서 추억을 반추하니 떠오르는 수상이 꼬리를 잇는다.

생각에 잠기고 있는데 살며시 문을 열고 들어오는 손님들. 서로 얼싸안고 반기는 우리는 모두 수필을 쓰는 절친한 글벗들이다. 바쁜 시간 내어 멀리 오산, 의정부, 분당, 강남 등에서 1시간 넘게 걸리는 시간에도 불구하고 찾아준 고마움에 고개가 숙여진다. 진지하게 관람하는 벗들을 따라 작품을 설명하느라 바쁘게 뛰어다녔다.

문학과 서예의 공통분모는 예술이다. 그동안 나는 수필과 붓글씨 쓰기에 심취하면서 오직 예술성을 살리는 데 주력했다. 우리는 서 예술 작품을 감상하면서 수필을 접목시키며 서로 소통하는 가슴 열고 이야기를 주고받으니 얼마나 값진 시간인가. 전시장 안에서는 시간이 멈추는가. 우리는 서로 쌓였던 회포를 풀며 시간의 흐름을 잊어버렸다.

벽면 가득, 평생을 쓴 붓글씨 작품을 보니 시나브로 마음이 따뜻해지고 절로 맑아 온다. 청초하고 고귀한 무한의 세계. 빛의 근원처럼 활기가 넘쳐나는 것은 마음의 깊이이고 넓이이기 때문이리라. 그것은 마음의 모습이며 마음 그 자체인 생명 같은 분신인 묵흔(墨痕)들. 바로 '내 마음의 서(書)'가 아닌가.

아름다운 일몰(日沒)이 찾아드는 시간. 남산 기슭에 해가 지고 관람객들이 모두 돌아간 전시장에 혼자 남는다. 마치 썰물이 밀려나간 바닷가에 혼자 남은 쓸쓸함으로 묵향에 젖은 나는 일어설 줄 모르고 그냥 그렇게 앉아있었다.

(2015. 11. 20. ─ '문학의 집 서울'에서)

소나무야, 소나무야

— 허세욱 박사 문학비 앞에서

신록 우거진 5월 26일 2시, 전북 임실군 삼계면 세심리 28번지 박사마을에 문학비 하나가 탄생했다. 이곳 출신 허세욱 박사 문학비는 '우리문학기림회'의 스물두 번째 행사로 비석을 세울 현장을 답사하기 위해 박사마을을 찾아갔다.

마을 앞으로 세심천(洗心川)이 유유히 흐르는 천혜의 땅, 개울 앞에는 조선시대 학자 양돈(楊墩 1461-1512)을 기념하는 '광제정(光霽亭)'이 있는 유서 깊은 선비마을. 그래서 자연스럽게 학문을 숭상하고 높은 교육열로 무려 153명의 박사를 배출해서 더 유명해진 고장이기도 했다.

박사관에 도착하여 차에서 내리니 앞뜰에 서 있는 박사 동상 옆, 녹지대에 소나무 한 그루 서 있어 매료된 나는 한참 서 있었다. 바로 이 자리가 문학비 건립지로 최적지임을 직감한 나는 탐험가가 신천지를 발견한 것처럼 가슴 설렜다. 그날 회의에서 오홍섭 위원장님과 여러 박사님께 문학비 건립에 대한 협조를 부탁하니 모두 동의해주었다.

집에 와서 먹을 갈아 화선지를 펴 정성껏 붓으로 비문을 완성하고 안성에 있는 석상을 찾아가 비석 돌을 골랐다. 최상의 오석(烏石)에 석상주인이 혼신으로 각한 비석을 건립하고 그 제막식의 날, 각지에서 선생을 흠모하는 사람들이 구름떼처럼 모여 추도식 장내를 가득 메웠다.

이 행사를 주관한 '우리문학기림회' 회원들이 모두 참석한 가운데 최찬석 총무 사회로 추도식이 시작되자 회장인 내가 정중하게 인사말을 했다. 먼저 선생의 생전 동영상이 방영되자 장내는 씻은 듯 숙연해졌다. 유족 대표로 동생 허진욱 선생이 형을 그리는 인사말과 부인 이윤경 여사와 두 딸의 인사가 있었다.

다음, 강완목 임실 군수의 축사에 이어 고대 제자인 외국어대 이영구 학장이 축사를 통해 문학비 제막의 의미를 되새겼다. 역시 제자인 김혜준 부산대 교수와 장동천 고대 교수, 후배 신문수 서울대 교수 부부와 각지에서 온 많은 제자분들이 묵묵히 앉아 고인을 추모했다.

그리고 전주 고하문학관 최승범 시조시인, 전북일보 사장 김남곤 시인에 이어 공숙자, 김학, 국중하, 김용옥 수필가 등 도내 문인들과 서울 수필문우회 회원들, 중국문학 기행 동인

충이(虫二)회 회원, 마을 주민들까지 무려 150여명의 숨소리가 가라앉은 추도식이었다.

마지막 순서로 공연된 중국 전통 악기 연주는 애제자인 전홍철 우석대 교수의 주선으로 특이했으며 모두 그 애절한 비파 소리를 귀에 담고 밖으로 나와 문학비 앞에 섰다.

許世旭 문학비
(1934. 7. 26.－2010. 7. 1.)

이곳 임실군 삼계면 박사마을에서 태어난 허세욱 박사는 1963년 대만 유학을 마치고 외국어대학교, 고려대학교 중국문학 교수로 재직했다. 또한 1969년 문단에 나와 시집 ≪청막≫ 등 7권과 수필집 ≪송정다리≫ 등 10권을 남기고 수필문우회 회장을 역임. 수필문학 발전에 크게 기여했다.

소복을 한 이윤경 유족과 함께 비석을 덮은 흰 천을 걷자 백일하에 드러난 비석 글. 오석에 각인된 흰 글씨가 얼마나 선명한지 눈이 부셨다. 오자가 없는지 한 자 한 자 읽어나가던 나는 비문을 쓰던 날들을 떠올리며 사방을 돌아보았다. 무심코 시선을 멈추자 아! 소나무. 비석 뒤쪽에 의연하게 서 있는 소나무 한 그루를 발견한 것이다. 그때 가슴 울렸던 바로 그 소나무가 아닌가.

순간, 풍부한 감성으로 시와 수필을 창작한 선생의 문학세계가 떠올랐다. 자신이 살아있음의 근본인 자연, 고향, 부모님은 언제나 되돌아갈 원점이고, 숙명이고 신앙이었다고 심정을 술회한 글들. 평소 고향산천에 파묻혀 있을 때나 외국에서 살 때 소나무를 무척 사랑한 선생은 항상 소나무와 함께 있기를 바라고 있었다. 그래서 수필 작품 속에서 한 그루 소나무가 되고 싶어 얼마나 갈망했던가.

소나무 한 그루 만나면 그 등걸을 베개 삼아 허리를 슬그머니 펴고 싶다. 가을이 매캐하게 익을 무렵 노오랗게 떨어진 솔잎들을 주섬주섬 긁어모아 그 황토 빛 방석에 폭신폭신 눕고 싶다.

누워서 하늘을 보고 싶다. 이리저리 가로 세로 뉘면서 끊어질 듯 끊이지 않고 하늘로 기어 올라가는 소나무 가지를 보면 다람쥐가 아니라도 오르고 싶다.

아니면 거기 줄기와 가지가 헤어지는 삼거리쯤 궁둥이를 붙이고 길다란 피리를 곤두세우고 있는 목동 소년이고 싶다.

— 수필 〈소나무야 소나무야〉 중에서

가을 산은 보송보송하다. 바위보다는 가랑잎 소복한 언덕에 철퍼덕 앉는 것이 편하다. 꾸부정한 소나무나 빨갛게 고함치는 단풍나무들이 붉은 치마, 초록 저고리로 치장한 언덕이면 더욱 좋겠다.

가슴이 허전하여 낙엽들을 가슴과 배에 올려 놓으면 옷이 되고 이불이 되었다.

— 수필 〈산이 거꾸로 누울 때〉 중에서

차를 마실 때 고아한 분위기는 도시의 소음이 들리지 않는 곳, 전원의 꽃과 새가 있으면 좋겠고, 솔바람이 불어오는 달빛 아래나 가을 소리가 들리는 산기슭이면 더욱 좋겠다.

— 수필 〈솔바람 달빛 속에〉 중에서

모든 예술작품이 그러하지만 특히 고백문학인 한 편의 수필 속에는 작가의 사상과 감정이 은영중에 녹아들어 거짓 없이 드러난다. 작가의 호흡, 체취까지도 풍겨나는 것이 수필의 특색이다. 해박한 지식과 풍부한 감성으로 진솔한 마음의 움직임을 시적으로 표현, 감칠맛 나는 문장으로 많은 독자의 가슴을 울린, 명수필 작가 허세욱 선생님!

나는 그 자리에 한참 서서 상념에 잠겼다. 작가가 생전에 그렇게 좋아하던 한 그루 소나무를 뒷받침하고 서 있는 문학 비를 보고 어쩌면 그 옛날부터 이곳에 소나무가 오늘의 문학비를 위해 자라고 있었음이 우연만이 아니었다는 생각이 들었다.

최근까지 우리 〈수필문우회〉 회장직을 맡고 의욕에 차서 동분서주하던 선생의 모습이 비석으로 서서 내 발을 묶어 돌아보고 또 돌아보게 했다.

성스러운 영혼이 살아났음인가. 하늘 아래 늠름한 허세욱 박사. 그 비석 위에 머문 5월 훈풍이 맴돌며 노래하고 있다. '소나무야, 소나무야.'라고.

(2012. 5. 26. 오후 3시. 임실 박사관 뜰에서)

2. 국화 그리는 밤

菊花, 20×72cm, 1994

인생의 오뇌를 꿰뚫고 생명의 존엄성을 감지하는 노년의 기품과 관용을 상징하는 꽃 국화. 노년은 스러지는 게 아니라 향기롭게 듬쑥해지는 것임을 넌지시 말해주고 있는 밤, 붓 끝에 피어난 국화꽃을 바라보는 마음이 흰 눈처럼 새하얗다.

11월의 노래

한 해가 간다는 아쉬움이 가슴에 사무친다. 벽에 걸린 달력이 마지막 남은 한 장 위에서 어수선하게 펄렁거린다. 연극의 마지막 무대처럼, 끝나면 일어서서 어디로든지 가야 하는데 그 발걸음을 움직일 준비를 해야 할 시점인 11월.

책 정리를 하다가 거실 탁자 위 유리병에 어리는 보랏빛 포도주에 눈길이 멎었다. 지난 달, 담근 포도주. 은은한 포도주 향기는 마음의 쉼터라 했던가. 부모님 모습이 아른거리자 가슴 뭉클해지며 왈칵 그리움이 밀려왔다. 순간 흐르는 세월과 더불어 무엇인가 소중한 것을 잃어가면서 살아온 것 같은 아쉬움이 고개를 들었다.

예전에, 부모님이 가꾸시던 포도밭이 아련히 떠올랐다. 경기도 소사에 인접해 있는 항동마을의 넓은 포도밭, 아버지는 하시던 피혁 사업을 거두고 포도밭을 가꾸시며 노년을 보내셨다. 손이 많이 가는 포도밭 가꾸는 일은 주로 부지런한 어머니 몫이었다.

늦더위가 기승을 부리는 무렵, 포도 알이 튕기듯 까맣게 여물면 마침 아버님 생신도 끼어있어 나는 올망졸망 아이들을 데리고 일박 여행으로 친정 나들이를 가면 오빠와 동생들 식구들도 합세하여 대가족이 한 자리에 모여 왁자지껄했다. 머리가 하얗게 센 85세 할머니가 증손 자녀들을 돌보시는 화기애애한 분위기 속에 아버지 생신 잔치는 대성황을 이루었다.

다음날, 아버지 말씀 따라 맨발로 땅을 밟으며 떨어진 포도송이를 주워 소쿠리에 담으면 아이들도 뒤따랐다. 땅에 떨어져 뒹구는 포도 알들이 부모님 사랑 되어 우리 가슴을 얼마나 따뜻하게 하는지 몰랐다. 다음날 어머니는 각자 집으로 돌아가는 자식들에게 포도를 궤짝으로 안기시며 실컷 먹고 남으면 술을 담그라고 하셨다.

돈으로 살 수 없는 부모님 사랑을 담뿍 포도궤짝 속에 담고 집으로 돌아온 나는 포도송이가 너무 아까워 매만지며 바라보기만 했다. 아이들이 먹을 만큼 남겨놓고 나머지는 포도주를 담갔다. 탱탱한 포도 알을 깨끗이 씻어 유리병 속에 소주와 함께 넣어 밀봉하면서 부모님 정성이 새지 않도록 초를 녹여 병뚜껑 둘레를 밀봉했다.

이렇게 한 열흘쯤 지나면 포도 알들이 부글부글 끓어오르면서 발효되었다. 이런 상태로 두어 달 두면 완전이 포도 껍질은 갈색으로 죽어 가라앉고 투명체인 보랏빛 액체로 포도주는 탄생하는 것이다. 나는 이렇게 싱싱한 포도가 죽어서 영원히 썩지 않는 생명체인 포도주로 탈바꿈하는 과정을 유심히 관찰해보면 신비스러웠다.

이것을 깨끗한 헝겊에 받쳐 걸러서 양주병에 담아두면 오래 두어도 변치 않는 우리 집 특제 포도주가 탄생, 애주가인 남편이 선호하는 으뜸가는 술이 되었다. 만추의 계절, 저녁 식탁에 남편과 마주 앉아 포도주 잔을 기울이며 밤새 대화하는 밤으로 이어지면 유리컵에 담긴 그 고고한 귀부인 같은 보라 빛깔에 현혹되었다.

우리는 서로의 잔을 부딪치며 건강을 기원하는 축배를 올리고 한모금 들이마셨다. 가슴 한복판에서 화끈 피어올라 온몸으로 번지는 열기. 술은 불인가 사랑인가. 그렇지, 포도주는 부모님의 뜨거운 사랑이고 우리 부부를 잇는 끈인 것을.

11월이 되면 왜 이다지 마음이 아려오는 것일까. 남편은 신장병이 악화되어 금주 생활에 들어갔다. 예전에 맨발로 흙밭을 거닐며 흙 내음 속에 포도 알을 줍던 날, 얼굴을 스치던 바람결에 부모님 낮은 음성이 화음 되어 지금도 들려오며 가슴속을 꽉 메우는 것이다.

포도주 축제의 달, 11월 첫 주 목요일 0시. 프랑스 동부,

보졸레 지역에서 생산하는 해포도주가 아니더라도 내가 만든 햇 포도주 맛을 칭찬하며 마시던 남편으로 하여 마음 설렜던 지난날이 그리움을 몰고 오는 게 아닌가.

얼마나 많은 세월을 보내면서 견디고 이겨내며 살아남은 오늘인가. 나는 참으로 오랜만에 지난달 담근 포도주를 식탁에 올려놓고 옛날을 떠올렸다. 주렁주렁 매달린 포도송이처럼 줄줄이 떠오르는 추억들.

11월 같은 내 인생, 우리의 생명에는 티끌만 한 죄도 인정할 수 없기 때문인가. 부글부글 끓던 포도의 발효처럼 투명한 자아로 탈바꿈하기 위해서 나는 지금, 괴로움을 견디어내고 있는 것을. 오로지 한 생각에 몰입, 밀봉된 나는 이렇게 묵은 나를 걸러 묻어버리고 새로운 내일의 나로 맑게 살아나리라 포도주처럼.

(2015. 11.)

바람이 소리를 만나면

때로 우리는 낯선 땅을 밟고 그곳의 분위기에 젖다보면 잠시 나를 잊을 때가 있다. 강, 달, 배, 숲이 어우러져 시가 있는 풍경, 안동에 있는 분강촌(汾江村)의 하루가 그러했다. 마치 500년을 거슬러 올라간 듯 신비스러움을 느꼈던 것이다.

경남 안동시 도산면 가송리에 있는 농암(聾巖) 종택은 퇴계 이황(李滉)의 스승이신 이현보 선생의 생가로 그의 17대손이 살고 있었다. 둘레에 아름드리 소나무가 운치를 더해주는 예스러운 기와집, 따스한 온돌방에서 하룻밤 자고 일어나 마시는 새벽 대기는 폐부를 찌르는 상쾌함이었다.

이곳에서 아침 식사를 마치고 근처 청량산(淸凉山)으로 향했는데 2월 하순의 산은 황량했지만 세상사에 찌든 등산객들을 포근히 안아주었다. 앙상한 겨울나무 사이로 훤히 뚫린 시야, 가물가물 안개처럼 서리는 나목 잔가지 너머로 봄소식은 다가오는가. 춥고 메말랐던 고행의 계절을 밀어내고 모든 생명이 깨어나는 봄이 멀지 않았음을 알려주는 듯.

활짝 어깨를 펴 두 발에 힘을 주고 낙엽으로 범벅이 된 산길을 오르니 이 산은 이름 그대로 맑고 서늘한 기운이 가득했다. 소금강이라 불리는 이곳은 바위산이어서 거대하고 빽빽한 기암괴석으로 이루어진 열두 봉우리 사이에 천년 고찰 청량사가 포근히 들어 앉아 있었다. 신라 문무왕 3년(663), 원효대사와 의상대사가 창건했다고 전해지는 이 산사는 태고의 멋과 자연이 숨 쉬고 있는 듯 했다.

청량사 입구 유각 정자를 지나 가파른 산길을 오르니 숨이 차올라 잠시 발을 멈추었다. 고개를 드니 눈앞을 한일자로 가로막은 현수막에 '바람이 소리를 만나면'이라 쓴 글이 나풀거리고 있지 않는가. 순간 이 색다른 화두가 내 마음에 파문을 일으켰다. 바람은 무엇이고 소리는 또 무엇인가. 그리고 이 둘이 만나면 어떻게 되는 것일까 혼미해지는 것이다.

시원한 산바람을 마시며 소리를 찾아 두 귀를 연다. 새소리, 풍경 소리, 대나무 통을 타고 내려오는 약수물 소리. 스님의 목탁소리가 들려온다. 알고 보니 이 화두는 이곳 주지 스님이 지은 산문집 제목이었다. 그리고 범종각 아래 안심당에 들어선 쉼터, 황토벽에 너와지붕을 얹은 고풍스런 찻집 이름이기도 했다.

약수물로 목을 축이고 계단을 단숨에 올라가 유리보전(琉璃寶殿)에 이르러 고려 공민왕의 친필인 현판 글씨 앞에서 육중한 필체에 압도되어 숙연해졌다. 이 법당 안에는 병든 사람을 치료한다는 특이한 부처인 약사여래불이 있었다. 모든 중생의 병을 치료하고 수명을 연장해주는 의왕으로서 신앙되는 부처님 앞에서 남편의 건강을 기원했다. 종이를 녹여 만든 지불(紙佛)이었는데 금박을 입혀 겉모습만으로 알아보기 힘들었다.

더 산속으로 들어가면 공민왕과 노국공주가 은신했던 '웅진전', 의상대사가 입산수도한 '의상봉', 퇴계 이황이 성리학을 집대성한 '청량정사', 최치원의 유적지인 '고운대'와 '독서당', 천하 명필 김생(金生)이 글공부하던 '김생굴' 등 많은 유적지가 있다는데 그 탐색은 다음으로 미루고 아쉽게 발길을 돌렸다.

터벅터벅 침목으로 만든 길을 내려와 찻집이 있는 안심당 앞에서 은은한 풍경소리에 발을 멈추었다. 바람이 없으면 저 아름다운 소리가 나지 않을 풍경이 아닌가. '바람이 소리를 만나면' 독특한 필체로 나무에 조각된 찻집 간판을 보자 내 머릿속은 또다시 수수께끼 같은 화두의 묘미에 빠져들었다. 하산, 서울행 버스로 고속도로를 달리면서도 그 여운이 가시지 않았다.

집에 돌아오자마자 석지현 스님의 산문집을 폈다. 글을 읽으며 30년 넘게 행자로 산 청량사 주지스님과 함께 청량산을 소요했다. 구절구절마다 깨우치는 자연이 주는 한량없는 법문. 시적인 감성으로 산사의 4계절 흐름을 물 흐르듯 담아낸 정갈한 글들이 묵향처럼 풍기며 가슴 울린다.

> 바람이 소리를 만나면…/ 꽃이 필까 잎이 질까/ 아무도 모르는 세계의 저쪽/ 아득한 어느 먼 나라의/ 눈 소식이라도 들릴까.

눈물 나도록 고요한 가을밤, 방문을 두드리는 바람과 귀뚜라미 우는 소리에 문득 어느 죽음을 떠올리는 스님. 삶은 가난이나 육체적 고통보다 사람과 사람이 만나서 사랑하고 아파하고 헤어지는 과정 때문에 더 어려운 것 같다고 술회하며 밤을 지새운 스님. 우리의 삶은 보이지 않는 운명의 끈에 움직이고 있다는 귀 밝은 스님은 산의 천년의 바람, 천년의 소리를 책 속에 담고 있었다.

책을 덮으니 밤은 깊어 아파트 숲 속에 둘러싸인 도심도 산사처럼 고요하다. 그 적막 속에 이는 바람. 내 안의 열정을 깨우는 바람이 계속 비상을 꿈꾸며 불어대고 있다. 그리고 믿음으로 인내하며 부르짖는 소원을 지금 가슴 밑바닥에서 끓어오르는 목소리로 절규하고 싶다. 목소리의 뿌리는 사색이고 영혼의 울림이 아닌가.

내 안에서 이는 바람이 목소리를 만나면 어떻게 될까. 한

편의 수필이 탄생되리라. 체험에 바탕을 두고 내면으로 치달으며 삶을 풀어가는 나만의 글쓰기는 마침내는 나 자신을 만나기 위한 작업이 아닌가. 고뇌를 통한 정직한 자기 노출인 수필은 자기 자신의 의식과의 끊임없는 싸움이다. 순수한 내 목소리로 목청이 터지도록 부르고 싶은 노래, 바람에 울리는 풍경 소리처럼 내 가슴 깊숙이에서 계속 불어대는 바람은 내 목소리를 흔들어 글발을 날려줄 것이다.

'바람이 소리를 만나면' 청량산에서 풀지 못한 화두를 나름대로 풀어보는 밤. 시간은 흐르면서 또 새로운 내일은 열리리라.

(2006. 봄)

대관령 흙길을 밟으며

걷는다는 것은 큰 축복이다. 만추의 계절, 쾌청한 하늘 아래 낙엽 뒹구는 대관령 길을 걷는다. 강릉시와 평창군 사이, 높이 832미터, 길이 13킬로미터의 대관령을 가로지른 흙길. 영동과 영서를 연결하는 교통의 요충지로 양쪽 지방 서로의 특산물을 교환하며, 삶을 이어가던 옛사람들의 땀과 희망이 스며있는 길이다.

수백 년 세월을 넘어 내 앞에 오롯이 선 흙길을 밟으며 나는 옛사람이 된다. 옛 선비들이 괴나리봇짐에 짚신 신고 과거 보러 가던 길, 신사임당이 어린 율곡 손을 잡고 시댁이 있는 한양을 오고 가던 길, 아기를 들쳐 업고 광주리를 인 행상 아낙네와 지게 진 나무꾼들이 묵묵히 땀 뿌렸던 길. 이 길을 오고 갔을 많은 사람들 발자국이 점을 찍어놓은 흙길 위에 나도 점을 찍듯 걸어갔다. 이 길 위 시간은 흘러왔고 또 지금 흘러가고 있는 것이다.

부지런히 가던 발걸음을 멈추게 한 곳은 원울이재(員泣峴)라고 쓰인 표지판 앞이었다. 조선 시대, 강릉에 근무했던 부사 고을원이 지방관으로 멀고 먼 이 벽촌에 부임할 때 외로워 한탄하며 울었고, 임기를 마치고 떠날 때 그동안 정들었던 주민들의 인심을 잊지 못해 울었다고. 이렇게 두 번 울었다는 고개라 쓰여 있었다. 가슴이 찡했다.

어찌 이 사람뿐이랴. 문득 사임당의 시 〈읍별자모(泣別慈母)〉가 떠올랐다. 19세에 이원수 공과 결혼한 후 아들이 없는 친정 강릉 오죽헌(烏竹軒)에서 어머니 보살핌 속에 아이를 낳고 키우며 시, 서화에 전념, 일가를 이루었던 사임당. 아버지 3년 상을 지내고 시댁으로 가면서 어머니 생각에 눈물 삼키며 지은 시 한 수가 가슴을 적신다.

> 늙으신 어머니 강릉에 계시는데/ 이 몸 홀로 서울로 떠나는 마음/ 머리를 북쪽으로 돌려/ 때때로 바라보니/ 흰 구름 떠가는 아래 저녁 산만 푸르구나.

시적 정취에 잠기며 걸으니 정겨움이 묻어나는 산길 가에 나무를 타고 노니는 다람쥐 모습이 앙증스럽다. 수직으로 하늘로 뻗은 잣나무와 운치 있게 굽은 소나무 숲에 매료되어 발을 멈추면 피톤치드 향기가 가슴 시리도록 스며들어 얼마나 상쾌한지 모른다. 이름 모를 야생화들이 피었던 자리에는 억새들이 무성하게 흐드러져 바람 따라 흐느끼고, 쑥부쟁이 군락지에 숨어 핀 작은 들꽃들이 퍽이나 애잔하다.

풀벌레 소리, 산새 소리, 계곡 물 흐르는 소리 들으며 아슬아슬한 흔들다리 위에서 아래를 굽어보니, 옥계수(玉溪水) 맑은 물이 하얀 돌멩이들을 씻어내며 조알조알 흐르고 있지 않는가. 그 주위 나무들 단풍 빛이 얼마나 선명한지 눈이 부셔 노랑, 주황, 연갈색, 붉은빛 잎사귀들이 마치 꽃처럼 고와서 황홀경에 빠졌다.

얼핏, "낙엽이 꽃이라면 가을은 두 번째 봄이다."라 한 알베르 카뮈의 말이 떠올랐다. 봄꽃들이 피었다 지고 난 자리에 녹엽 무성하고, 가을 단풍 꽃처럼 피었다 지고 난 자리에는 이내 겨울 눈꽃 피고, 그 눈 녹은 자리에 새싹들이 맺혀서 자란다는 것. 이렇게 생성과 소멸이 한 길에 있는 자연의 순환, 그렇다면 꽃이 시들 때 서러워할 게 아니고 낙엽 진다고 가슴 아파할 게 아니지 않는가. 꽃 속에 낙엽이 낙엽 속에 꽃이 있는 것을.

얼마나 걸었을까. 좀 쉬고 싶다고 느끼던 차에 옛 주막집이 나타났다. 얼룩진 한지에 술 주(酒)자가 쓰인 네모 난 등이 낡은 기둥에 대롱거릴 뿐, 비스듬히 쓰러진 쉼터가 을씨년스럽다. 그곳을 뒤로 걸어가니 산길 치고는 제법 넓은 길이 훤하게 열렸다. 이 길은 겨우 한 사람 다니는 오솔길을 중종 때, 강원 관찰사인 고형신이 사재를 털어 넓혀놓았다고 하니 얼마나 의로운 선구자인가.

과거길 선비들이 말을 타고 달리고, 신랑을 태운 노새와 신부를 태운 꽃가마가 넘었을 낭만 가도. 어디서 죽장에 삿갓 쓴 방랑 시인의 시 한 수가 들려오는 것만 같다. 덜커덩거리는 소달구지를 탄 개구쟁이들 웃음소리도 깔려있는 것 같은 옛날 옛적의 흙길.

이렇게 고즈넉한 세월의 숨결 따라 걷는 옛길 나들이는 길손들의 이야기와 흔적을 더듬는 여정이 아닌가. 더불어 그들이 숨 쉬던 과거 어느 날에 젖어보는 시간여행이기도 했다. 오랜 세월 빚어낸 흙길의 그윽함과 굽이굽이 옛 사람들의 꿈과 희망, 아픔과 좌절이 녹아있는 길 위에서 그때 그 사람들 이야기에 귀 기울이니 만감이 교차했다.

어쩌면 현대인 들은 흙을 밟는 의미를 잊고 살고 있는 것이 아닐까. 도시화가 빨리 진행되면서 우리가 밟아야 할 흙길은 시골 들길까지도 아스팔트와 시멘트에 눌려 숨통이 막혀 버리고 말았다. 오늘 하루, 나는 생명 같은 흙 내음 속을 걸으면서 자연은 정복의 대상이 아닌 공존의 대상임을 새삼 깨달으며 이따금 이렇게 흙길을 밟으며 숨통을 트고 싶다.

(2012. 10.)

수필이 있는 풍경

— 모란 미술관에서

가을이 오면 일상을 벗어나 어디로든지 떠나고 싶다. 떠남으로서 만나는 새로움에 접하고 싶은 것이다. 오늘 만남이 없이는 내일 새로운 만남이 없기 때문이다. 이 새로움에서 어떤 의미를 발견하고 수필 한 편 쓰고 싶을 때 찾아가는 곳이 있다.

서울 도심을 벗어나 청량리에서 청평으로 가는 46번 국도를 달리면 숨통 트인다. 마치터널을 벗어나 만남의 광장 휴게소가 보이면 집을 떠났다는 실감으로 설레게 된다. 차창을 열고 시원한 바람을 마시며 조금 더 가면 오른편으로 아늑한 쉼터가 나온다. 천혜의 자연에 감싸인 별천지 '모란 미술관'.

이곳은 8,500여 평에 달하는 방대한 야외 전시 공간을 자랑하고 있다. 4개의 상설 전시장에는 국내 유명 조각가들의 작품이 자연과 더불어 숨 쉬고 있어 관람객을 사로잡는다. 입구에 들어서면 우선 뒹굴고 싶은 넓은 잔디밭이 시원하게 트이고 이색적인 미술관 뾰쪽 지붕이 눈길을 끈다.

오른쪽으로 발길을 옮기면 한적한 별장 같은 통나무 카페가 운치를 더해주고 눈에 들어 오는 갖가지 조형물이 걸음을 멈추게 한다. 하늘 아래 탁 트인 자연 속에 자리하고 있기에 모두 아름다운 조형물들. 전문가가 아니어서 작가의 이름이나 작품이 의도하는 바가 무엇인지 잘 모르지만 느낌으로 감상하면 분위기가 절로 설명해준다.

어디서 들려오는지 클래식 음악 소리가 예술 작품들을 더욱 돋보이게 하는 곳. 아는 만큼 보이는가. 바라보는 것만으로 가슴 설레며 벅차오른다. 푸르른 산과 흰 구름 흐르는 하늘과 주위 나무들은 한데 어울려 한 폭의 수채화를 그려주고 그 속에 취해서 어느덧 조각들과 대화를 나누는 자신을 발견하게 된다.

내가 구리 시 LG 백화점 문화센터의 수필반 강의를 시작한 지 벌써 5년이 넘었다. 지금까지 20명 정도가 꾸준히 공부를 계속해서 동인지도 내고 수필가로의 길에 매진하고 있는 '풍양(豊壤) 수필문학' 회원들. 그들의 수필사랑은 대단하여 계절마다 이곳을 찾아 야외 수필공부를 하고 있다.

시멘트벽으로 막힌 공간에서 보다도 단 하루의 자연 속 야외 수업이 얼마나 효과적인지 모른다. 이곳에 포근히 잠기고 있으면 자연 수상이 떠오르고 한 편의 글을 쓰고 싶은 의욕이 솟아나 눈이 뜨이고 귀가 열리는 시간과 만난다. 사람은 듣는 귀 이상의 존재가 아닌가. 볼 수 있는 눈이기도 하고 느낄 수 있는 신경중추이기도 한 것이다.

미술관 뒤뜰, 꿈길 같은 연못가를 지나서 은행나무 그늘을 찾아 회원들은 돗자리를 깔고 앉았다. 원고지를 펴 펜을 들고 각자의 마음속에 담겨진 풍경을 그리기 시작했다. 얼굴과 성격, 삶이 다르듯이 각자의 독특한 무늬로 자신들을 드러내고 있다. 바람 따라 우수수 떨어지는 은행잎 비를 맞으며 삶의 체험을 엮어가는 모습들이 얼마나 진지한지. 일상생활에서 쌓인 삶의 찌꺼기를, 그 무엇으로도 치유될 수 없었던 가슴앓이 응어리를, 맑은 대기 속에 풀어 헹구면서.

문학은 곧 우리네 삶이다. 한 편의 수필쓰기는 고뇌의 분출이고 자기 성찰의 인간학이다. 살아온 만큼의 아픔이 낙엽처럼 쌓인 세월을 헤집고 들어가 모두들 가슴 풀어헤쳐 글을 쓰고 있다. 그들은 오늘 집을 떠나옴으로 해서 얼마만큼 새로운 삶의 의미를 발견했을까. 그 새로움을 '나의 이야기' 속에 담으려고 여념이 없는 모습들이 살아있는 조각품같이 아름다웠다. 오늘의 결실은 내일을 여는 활력소로서 뜻 깊은 의미를 지닐 것이다.

나는 오늘, 수필을 가르치는 기쁨이 무엇인가를 깨달았다. 오랫동안 강단에서 문학 강의를 하면서 회의에 빠졌던 의문을 푼 것이다. 한 작품을 쓰기 위해서 발상에서 비롯하여 소재를 찾아 주제를 정하고 서두를 쓰기 시작, 다음 구성과 문장 표현에 유의하고 마무리 작업에 들어간 다음 제목을 붙인다. 그리고 여러 번 퇴고 과정을 거쳐야 함을 강조하면서 떠들던 수필 창작 이론이 이곳에서는 얼마나 무력한가.

오늘 회원들의 수필쓰기를 지도해 준 것은 내 강의가 아니었다. 집을 떠났다는 어떤 해방감과 함께 쓰고 싶은 의욕을 부추겨준 것은 이곳 분위기였다. 가을 햇살이 은은히 퍼져있는 미술관 뜰악, 회원들 삶의 향기가 어리는 수필이 있는 풍경이 너무나 정겹고 아름다워서였다.

돌아가는 길, 뿌듯한 마음으로 산책로를 따라 여유롭게 걸어 나오면서 사색에 잠긴다. 정문 앞에 다다르니 단풍나무 몇 그루가 불을 내뿜듯 타고 있지 않는가. 내 가슴에 그 불씨를 당기고 나도 타면서 대문을 나섰다.

(2000. 10.)

메아리

— 香湖 앞에서

몹시도 무더운 한여름, 경포대 해수욕장은 그야말로 인산인해다. 오늘은 조용히 호수를 보고 싶어 경포대 호수공원을 찾았다. 조선시대, 〈사미인곡〉, 〈관동별곡〉 등으로 가사문학의 거장, 송강 정철(鄭澈)이 관동 8경중 으뜸이라 칭했던 이곳.

과연 하늘, 바다, 호수를 한꺼번에 볼 수 있는 최고의 명소가 아닌가. 탁 트인 시야가 사방으로 나를 유인하는 곳. 옛 시인이 밟았던 길, 그 발자국을 따라 운치 있는 소나무 길을 걸으며 다다른 곳.

단청이 선명한 정자 앞에서 어슷비슷 돌계단을 밟고 올라가니 중앙에 북송시대 서화가 미불(米芾)의 〈第一 江山〉이라는 대형 현판 글씨가 눈앞을 막았다. 내부 벽에는 10세의 율곡이 지은 〈경포대 부〉 판각, 숙종의 〈어제시〉가 걸려있어 옛날로 돌아간 듯, 난간에 서서 시원한 바람을 마시며 넓은 호수를 바라보았다.

잔잔히 주름지며 가슴으로 파고드는 호면이 마음을 숙연하게 가라앉힌다. 인파로 들끓는 해수욕장이 젊음의 축제 마당이라면 이 호수는 흘러간 옛 노래가 스며있는 고즈넉한 노경의 은거처라고나 할까. 차분하게 나를 돌아보게 하는 곳이다.

저 멀리 일엽편주 외로이 떠있고, 호수 위를 나는 갈매기들을 바라보니 그 옛날의 풍취가 겹쳐지는 게 아닌가, 잔잔하기도 잔잔한 물결 모래를 셀 것같이 매우 맑다고 노래한 시인의 걸작 〈관동별곡〉이 떠오른다. "조용하구나 이 경포의 기상. 넓고 아득하구나 저 동해의 경계, 이보다 아름다운 경치를 갖춘 곳이 또 어디 있으랴."

선조 13년(1580년) 45세의 송강 시인이 넋을 잃고 절창한 경포대 호수, 그의 시를 음미하며 해안선을 따라 주문진 쪽으로 향한다. 좀 더 한적하고 아늑한 호수가 있다기에 찾아가는 길이다. 비릿한 어시장과 이어진 회집들을 지나 가보니 그 맞은편 마을로 들어가는 초입에 호젓한 호수가 펼쳐져 있지 않는가. 이름도 향기로운 향호(香湖).

먹구름이 몰려와 금방 비가 내릴 것 같은 하늘, 그 아래 호수는 안개에 덮인 듯 몽롱하게 신비의 베일에 싸여 매혹적이다. 호수를 끼고 갈대밭 사이에 세워진 사색의 오솔길, 목제 외길을 꿈꾸듯 걸어갔다. 아주 오랜만에 느릿느릿, 여유작작 걸으니 얼마나 마음 평온한지.

바람이 분다. 갈대밭이 술렁거린다. 너무나도 환상적인 호수와 흐느끼는 갈대 군락의 조화, 주위 자연 풍광을 담은 호수가 한 폭의 수채화 되어 나를 휘감는다. 그 속으로 빨려들듯 한참을 걸어가다가 넓은 공간에 설치된 벤치에 앉아서 바로 눈앞 호면을 응시한다.

잔잔히 주름지며 다가오는 호수 심연에서 영혼의 속삭임이 들려오는 것 같다. 깊고 간절한 내 마음이 닿았음인가. 호수는 한 장의 거울이다. 너무 순수하여 우리 인생을, 그리고 인격을 보다 투명하게 꿰뚫고 있는 커다란 거울. 그 앞에 엎드리니 내 전부가 훤히 드러나는 게 아닌가.

황혼 인생 길, 가진 것 다 훌훌 털어 내려놓고 미련에 목을 맨 그 끝마저도 이제 그만 놓아버리고 싶다. 호수처럼 모든 것을 침묵으로 포용하는 넓은 마음이 된다면, 더할 나위 없으리라.

살다 보면 답답한 가슴 쪼개질 듯 아플 때, 서로 말문을 트면 시원하게 가슴 풀어주던 친구 같은 호수들이 떠올랐다. 덕진 연못, 의왕 백운호, 부여 궁남지, 경주 보문호, 백두산 천지, 동경 우에노 불인지, 북해도 뽀로또 호, 대만 일월 담, 이스라엘 갈릴리 호수 등.

나는 벌떡 일어나 친구 부르듯 호수를 향해 큰 소리로 야호하고 소리쳤다. 아무 반응이 없다. 산울림은 내가 외친 목소리가 바로 되돌아오는데 호수 울림은 묵묵부답이다. 산명(山鳴)은 있으되 수명(水鳴)은 없음인가. 아니다. 물의 메아리는 호면에 주름지며 다가오는 잔물결인 것을.

춤추듯 밀려와 가슴으로만이 들을 수 있는 소리. 모든 메아리는 서로의 호응으로 너와 나의 정을 잇는 신뢰의 다리이고 질긴 끈 같은 것이거늘. 우리가 세상을 살아가면서 정신적이건 물질적이건 내가 가진 가장 소중한 사랑의 진국을 아낌없이 송두리째 상대에게 선물할 때 기쁨이 솟는다. 주는 마음이 너무 행복하기 때문이다.

내가 삼남매 낳고 키울 때, 백일이나 돌이 돌아오면 정성껏 수수팥떡과 무지개떡을 만들어 친지와 이웃들에 돌렸다. 많은 사람들이 떡을 먹어 주어야 복이 돌아온다는 말에 신바람이 난 것이다. 돌아오는 메아리, 빈 접시에 명(命) 길라고 실타래를 얹어주던 마음씨가 눈물 나도록 고마웠다.

이번에 엮은 수필집 ≪구름유희≫. 겉표지를 열고 옥빛 면지에 붓펜으로 정성껏 받는 사람 이름 석 자 쓰고 봉투에 넣어 주소를 쓰고 우체국에 가서 우표를 붙이고 우송하려는데 그때야 부끄러운 생각이 드는 것이다. 졸저(拙著)를 바쁜 사람들에게 읽어달라고 강요하는 것 같아서.

한 권의 수필집을 받아 읽고 회답을 준다는 것은 그 사람에 대한 예의이고 관심 어린 정표가 아닐까. 축전과 그림카드, 전화 목소리와 육필편지로 답신을 보내준 분들의 얼굴이 메아리 되어 호면에 잔잔히 주름져온다. 또 이메일로 전화 문자로 호응해준 이들도 모두 그 위에 겹쳐 다가온다.

여기 저기 풍덩! 수면을 박차고 뛰어 오른 물고기들이 물속에 잠기면서 수면에 커다란 원을 그리며 파문을 일으키면 내 가슴 덩달아 설렌다. 작품들을 밑줄을 그어가며 완독하고 장문의 이메일을 보내준 이들이 떠올랐기 때문이다. 아, 물이 출렁이며 이중 삼중으로 맴돌다 내 가슴에 파문으로 메아리 져오는 열띤 원무(圓舞)여.

얼마나 그렇게 앉아있었을까. 암자색 어둠이 밀려와 어쩌면 안개 자욱한 새벽같이 느껴지는 호숫가, 언젠가 읽은 마종기 시인의 시 〈메아리〉 종장이 호면에 떠올랐다.

> 새벽안개가 천천히 일어나 잠깨라고 수면에서 흔들거린다. 아 안개가 일어나 춤을 춘다. 사람 같은 형상으로 춤을 추면서 안개가 안개를 걷으며 웃는다. 그래서 온 아침이 한꺼번에 일어선다. 우리를 껴안는 눈부신 메아리.

(2012. 8.)

5월의 소나무와 구름

강원도 평창군 대관령에 있는 우리 가족의 쉼터는 수하리 산자락 700고지에 자리한 별천지다. 뒤로는 소나무 우거진 산이 둘러져 있고 앞으로 탁 트인 하늘에는 뭉게구름 두둥실 뜨는 그림 같은 집. 이 집을 마련한 큰아들 내외의 부탁으로 나는 남편과 이마를 맞대고 〈松雲山房〉이라 이름 짓고 예서체로 현판을 써서 대문에 걸었다. 벌써 10년 전 일이다.

천생연분인 큰아들과 며느리는 스키 마니아로 온갖 운동을 좋아하여 주말이면 만사 젖혀 놓고 찾아가 숨통을 트고 심신을 단련한다. 내 생일이 있는 5월 신록 우거진 계절이 되면 으레 나를 앞세워 산방에 간다. 그럴 때면 어릴 적 뛰놀던 옛 고향 동산을 찾아가듯 나는 동심으로 돌아가 앞장서는 것이다.

아침 일찍 헬멧에 색안경, 반바지 차림으로 자전거를 끌고 나가는 아들 뒤를 따라 나는 며느리와 걷기 운동을 하려고 집을 나섰다. 이곳 명소 도암댐으로 해서 신비스런 '바람불이' 마을까지의 길은 약 2킬로 남짓 천혜의 산책길로 왼쪽으로 이어진 깊은 산 정기에 젖어 경쾌하게 발걸음을 옮기면 한없이 걷고 싶어지는 길이다.

힘들면 그만 돌아가자고 나를 염려해주는 며느리를 바라보면 흐뭇해진다. 말수 적고 속이 깊어 보일 듯이 보이지 않게 나에게 쏟아주는 효심이 남다르다. 틈틈이 김치를 담가주고 밑반찬을 만들어 내 입맛을 돋워주는 착한 마음씨가 얼마나 고마운지. 지난 해 백내장 수술을 할 때도 늘 내 곁을 지켜준 효녀 심청같이 든든한 버팀목이었다.

저만치서 한 바퀴 돌고 온 아들이 손을 흔들고 지나가면서 나를 옛날로 밀어냈다. 다섯 살 때쯤인가. 세발자전거를 사달라고 졸랐는데 선뜻 사주지 못했던 나는 많은 날을 보내고야 사주게 되었다. 얼마나 타고 싶었을까. 방에 자전거를 드려놓고 밤새 자지 않고 타는 모습에 가슴 메던 지우고 싶은 추억이 되살아나는 게 아닌가.

그때 열 식구 대가족을 이끌던 어려운 시집살이 속에서 내 마음 헤아려주던 어린 아들의 어머니 사랑은 유별났다. 끼니 때마다 내 밥그릇을 챙겨주고 고기반찬이 바닥이 날까봐 제 몫을 먹지 않고 두었다가 내 밥그릇에 부어주던 아들, 중학생이 되어서는 학교에서 돌아와 부엌에서 일하는 내 어깨를 "힘들지." 하며 두드려 주던 착한 어머니 사랑.

그런 아들의 효심은 지금 날개 돋친 듯 날고 있다. 학창시절의 원대한 꿈을 실현하고 사회에 나가 그 바쁜 직장생활을 차질 없이 보내면서도 내가 하는 모든 일에 적극 참여해 주고 짬짬이 들려오는 안부전화 목소리에는 정감이 넘친다. 이런 아들이 곁에 있어 나는 늘 행복 속에 감사의 마음이 울어나 건강하게 열심히 사는 것으로 그 효심에 보답하고 있다.

걷기 운동을 마치고 돌아온 나는 거실에 앉아 일 보따리를 풀었다. 이번에 출간할 수필집 《메아리》 머리말을 쓰고 작품들의 목자를 5부로 나누는 작업을 했다. 이미 지난 4월 말에 고향 전주 신아출판사를 찾아가 원고를 넘기고 와서 이제 앞으로 교정을 보아야 한다. 어쩌면 이번 열두 번째 수필집이 마지막일지도 몰라 정력 투구하기로 결심한 것이다.

오후에는 나 혼자 스케치북을 들고 뒷산으로 향했다. 속세를 등진 듯 울울창창한 산 속에서 낮은 자세로 고개를 들고 운치 있게 굽은 노송들을 우러러 숨통을 튼다. 송화(松花)핀 가지들을 우산처럼 받쳐 든 나무들 위로는 유유자적 뭉게구름이 희유하고 있지 않는가.

스케치북을 펴고 붓펜을 들었다. 먼저 온 산을 제압하는 강인한 기백을 발산하는 소나무를 그렸다. 그리고 그 위로 흐르는 구름을 그리면서 푸른 천심(天心)의 길을 우러른다. 담백 무욕의 경지, 마치 햇 목화솜을 늘여놓은 것 같은 부드러운 구름이 너울거리는 모양을 어찌 내 둔한 붓으로 그릴 수 있으랴.

대지의 영원한 꿈인 구름, 하늘나라와 가난한 땅 사이에 놓여 있으면서 모든 인간의 그리움과 아름다움의 상징으로 되어있는 구름, 그 꿈속에서 대지는 피곤하고 남루해진 인간들의 넋을 맑은 하늘에 띄우기도 한다는 구름의 시인 헤르만 헷세의 시를 떠올리며 멍하니 바라보기만 할 뿐 손이 움직이지 않았다.

'소나무와 구름' 소나무의 생기 넘치는 기운과 푸르른 절개, 그리고 아무것에도 속박되지 않는 허심탄회한 구름, 이 한 폭의 그림을 뇌리에 각인하고 산을 내려갔다. 어디서 우는 뻐꾸기 소리에 멈추어 서서 '야호'하고 몸속 노폐물을 토해내면 맑아지는 머릿속에 새 꿈이 솟는다.

신록이 약동하는 계절. 꿈을 이루고자 하는 나에게 더 큰 능력을 안겨 주는 휴식의 녹지대, 한 해 가운데 소나무와 구름이 가장 눈부시게 빛나는 5월은 아들며느리의 지극정성 효도로 내 활력 에너지가 솟는 달이다.

(2016. 5. 27.)

국화 그리는 밤

— 붓 끝으로 寒菊 피우고

송년의 달 흰 눈 내리는 밤, 국화차 한 잔 마시니 불현듯 국화를 그리고 싶어 먹을 갈고 화선지를 폈다. 높은 지조로 피는 은자 같은 꽃. 사군자 중에서 제일 고고한 국화를 그리는데 얼마나 심취했던가. 그리기 시작하면 시간 가는 줄 모르고 빠져들었다.

국화꽃잎은 하나하나 독립되어 있어 먼저 중심의 한 잎을 그리고 다음, 사방으로 둥글게 연달아 그리면 방실방실 웃으며 탐스런 꽃송이가 피어난다. 이어 꽃받침을 그리고 줄기와 잎을 그린다. 다섯 갈래로 날개깃처럼 갈라진 잎사귀 가장자리에 작은 톱니들이 있는 특징을 살린다.

이렇게 몰입하면 마음 심연에서 나를 깨우는 소리가 들려온다. 연륜이 감길수록 더 크게 들리는 소리. 비록 화선지 위에 핀 국화일지라도 찬 서리 속에서 꽃을 피우는 고결한 군자의 인품이 드러났는가 살피면서 그려야 한다는. 그러나 이런 국화 그리기가 어찌 그리 쉬우랴.

붓 끝에 노랑 물감을 묻혀 꽃잎에 색을 입히고 초록빛으로 잎을 살린다. 위를 향해 피어있는 꽃잎은 뭐니 해도 샛노란빛이라야 국화답다. 순수한 밝은 황색은 바로 땅 빛이 아닌가. 황색을 좋아하는 중국이 꽃 재배의 원조로, 우리나라로 들어온 국화가 백제 때 일본으로 건너갔다는데 지금은 일본이 으뜸 재배국으로 무려 4천여 종의 국화를 재배하고 있다고.

그림을 완성하고 화제 —청정, 고결, 평화—의 글을 왼쪽 여백에 한글 고체로 내려쓰고 낙관을 마쳤다. 극히 한국적인 여운을 풍겨주는 향기가 시나브로 달관의 경지에 이른 남성상을 떠올리게 하지 않는가. 친정아버지 같은 지아비 같은 꽃, 살아나는 화폭 속의 국화가 그리움을 몰고 왔다.

소녀시절, 우리 집 정원은 늦가을이면 국화꽃이 만발했다. 그 향기에 위로 받으시며 사업에 골몰하시던 아버지는 노경에 이르러 시골 포도밭에 은거, 동쪽 울타리에 국화꽃을 심으셨다. 동업자 배신과 사업 실패로 빈손이 된 허전함을 동리만향(東籬晩香)으로 달래시던 허리 굽은 아버지.

이따금 아버지 포도밭을 찾아가 만발한 국화꽃 주변을 맴돌면, 국화꽃 사랑이 지극했던 〈귀거래사〉의 도연명(陶淵明)

이 떠올랐다. 관직에서 물러나 초야에 묻혀 초가집 짓고 살면서 '음주'라는 오언 율시를 남겼던 송 대 전원시인처럼. 시를 짓고 붓을 들어 자작시를 쓰시던 아버지가 몹시도 그립다.

가을 태생인 남편 역시 국화꽃 사랑이 지극하여 생일이 돌아오면 나는 샛노란 국화 화분으로 온 집안을 장식했다. 이 향기 속에서 조용하게 투병생활을 이겨내는 남편 곁에서 나는 지극정성으로 간병했다. 부부로 산다는 것은 서로에게 은연중 스며들던 국화향기 같은 것이어늘. 서로가 지닌 결함과 상처까지도 보듬어 안고 일심동체가 되어 나는 곧잘 붓을 들고 군자 같은 남편 모습을 국화꽃으로 피워 냈다.

재능이란 일종의 정신력이다. 그리고 타오르는 열정과 인내심. 아버지와 남편 목소리로 다져진 내 지난 세월, 고통으로 응고된 체험의 진액을 짜서 걸러낸 내 정신세계에 파묻혀 나는 손끝이 아닌 온몸 내던져 국화꽃을 그렸다.

오상고절(傲霜孤節). 서릿발 속에서도 굴하지 않고 고고하게 피는 꽃. 고상한 기품과 절개를 지키는 군자 같은 꽃, 언젠가는 시들어버릴 텐데. 찬 서리 속에서 어쩌면 그렇게도 곱게 피어 있느냐고 속삭이면, 살아 있어서 꽃을 피우는 것이 자연이고 필연이고 운명이라고 답하는 것 같다.

이 세상에 살아있는 모든 물체들은 살기 위해 태어나고 힘껏 살다가 떠날 때가 되면 소리 없이 소멸한다. 태어난 것이

무의미하다든가 죽음이 두렵다고 생각하지 않는다. 그때 그때의 본능에 지배되어 살면서, 슬퍼하고 괴로워하고 기뻐하고 즐거워하며 마음껏 살다가 삶을 마감한다. 마치 한 송이 국화처럼.

창밖은 여전히 눈이 내리고 상념이 꼬리에 꼬리를 잇는 밤, 다시 뜨거운 물 부어 우러난 국화차 한잔 마시니 따스한 온기가 온몸에 스며든다. 찻잔에 뜬 꽃과 화선지 위 꽃을 번갈아 바라보니 살아있는 꽃향기를 맡는 듯, 바람소리 새소리도 들리는 것 같다.

인생의 오뇌를 꿰뚫고 생명의 존엄성을 감지하는 노년의 기품과 관용을 상징하는 꽃 국화. 노년은 스러지는 게 아니라 향기롭게 듬쑥해지는 것임을 넌지시 말해주고 있는 밤, 붓 끝에 피어난 국화꽃을 바라보는 마음이 흰 눈처럼 새하얗다.

(2012. 12.)

습관에 대하여

인사동에 가려고 5호선 지하철을 타고 종로 3가에서 내리면 계단을 오르내리는 사람들이 서로 부딪히는 광경을 본다. 모두들 무의식적으로 걸어가기 때문이다. 우리나라가 편리하고 안전한 우측보행을 강조한지 꽤 오래되었는데, 좌측으로 가는 사람들은 거의 나이 지긋한 어르신들이다.

일제 강점기를 산 사람들은 서릿발 같은 지상명령이던 좌측통행이 몸에 배어있다. 어찌 이것뿐이랴. 습관은 사람의 지능까지도 개조하여 조선어 말살 정책은 창씨개명을 강요하고 일본어만 쓰게 했다. 집에서도 온 가족이 일어만 쓰는 집은 '국어의 집'이란 문패를 달아 주고 배급 쌀도 많이 주었다.

초등학교 시절, 나는 우등상과 개근상을 받으려고 밤새 공부하고 결석 한번 하지 않았다. 그리고 웅변과 글짓기, 하이쿠와 '구구셈' 외우기 등 최선을 다했다. 습자시간에도 열심히 '內鮮一體'만 썼는데 잘 썼다는 칭찬과 함께 교실 뒤 게시판에 붙여놓는 영광 입으며 일본인화 되어갔다.

아무도 가르쳐주지 않았던 역사와 시국 이야기. 자라면서도 친일이 무엇인지 모르고 그저 몸에 익은 채로 굳어버린 학교 공부였다. 그때, 그렇게 옹골지게 쌓아 올린 지적 욕구가 요지부동으로 나를 습관의 쇠사슬에 묶어버릴 줄 누가 알았으랴.

초등학교를 졸업하던 해, 광복을 맞았다. 그제야 비로소 나는 한글을 깨우치면서 얼마나 부끄럽고 눈물겨웠던가. 습관적으로 일본 밀봉교육에 내 머리가 굳어버린 것에 놀라며 그 타성으로부터 벗어나려고 애썼다. 불량식품을 먹고 체해버린 위장을 시원하게 뚫어준 소화제 같은 한글.

그러나 이미 습관의 노예가 되어버려 바로 그 벽을 허물기는 어려웠다. 머릿속에 스며들어 굳어버린 언어 습관이 중학생이 되어도 쉬이 사라지지 않았기 때문이다. 친구 얼굴도 창씨 개명한 이름을 불러야 떠오르고 대화하는 데도 우리말과 일어가 섞인 괴상한 말투로 통했다.

말과 글은 사람이 세상에 나와서 부모님을 통해 익힌 것 가운데 최초로 가장 마음 깊숙이 뿌리 내린 습관이 아닌가. 거의 무의식적으로 행해진 후천적인 행동이다. 그런데 학습에 열중한 만큼 머릿속 깊이 각인된 초등 교육 언어습관이 고등학생이 되어서도 혀끝에 찌꺼기로 남아 맴돌았다.

불이 훨훨 타다 남은 불씨가 내 마음 심연에 침전되었다가 불통 튀듯 터져 나오는 일본어 잔재(殘滓)들, 잊을 만큼 세월이 흘렀는데도 나도 모르게 튀는 부스럼들, 비수로 도려내고 싶은 언어습관에서 빨리 벗어나고 싶어 대학선택을 주저 않고 국어국문학과에 진학, 나 찾기에 열중했다.

우리말과 글을 더 심층적으로 연구하며 보배 같은 고전 문학에 심취하고 보니 조잡스런 일어 나부랭이들을 밀어내는데 수월했다. 보석을 캐듯 고시조와 가사 문학, 그리고 〈춘향전〉 등 고대소설과 〈제침문〉 등 고전수필을 읽으며 우리 조상들의 생활상과 정신세계를 터득하는 기쁨을 얻을 수 있었다.

한편 붓을 들어 세종대왕이 창제하신 한글고체와 조선조 궁중 여인들이 애용한 궁체를 쓰면서 한글 획의 우수성에 심취했다. 이러한 습관들이 내가 꿈꾸던 수필과 서예의 길을 열어준 것이다.

학업을 마치고 가정을 꾸려 살던 1970년대 중반에 등단, 문단에 나와 수필을 썼다. 한편 대학에서 국문학 강의를 하면서 가르친다는 막중한 책임으로 더욱 한글 연구가 깊어져 한글 전용을 적극 주장하고 실천하는 모임에 입회했다.

'한국국어교육학회' 이사로 활동하면서 '한글 사랑' 운동을 펴기에 이른 것이다. 올바른 한글 사용으로 글을 써야 할 것과 붓글씨도 만인이 읽을 수 있게 한글로 쓸 것을 명심하고 지금까지 그 습관을 이어오고 있다.

돌이켜 보면 "세살 버릇 여든까지 간다."는 속담처럼 어릴 적부터의 책읽기와 일기쓰기 습관이 오늘의 나를 있게 한 것 같다. 신문이나 잡지에서 마주치는 좋은 구절을 오려놓고, 떠오르는 수상을 메모하고, 명작 속에서 감동한 부분에 밑줄 긋기 등을 부지런히 한 습관이 오늘의 나를 키워준 밑거름이 된 것이다.

익힐 습 버릇 관, 습관(習慣). 오랫동안 되풀이되면서 몸에 익어 버린 채로 굳어진 우리의 버릇. 습관은 인간 생활의 위대한 안내자라는 생각을 해본다. 우리 생각과 행동은 90프로가 습관에 의해 좌우되는 것이 아닐까.

우리에게는 누구나 좋은 습관이 있는가 하면 나쁜 습관도 있다. 나쁜 습관을 고쳐가며 긍정적 사고와 좋은 습관으로 살아간다면 운명을 바꿀 수도 있지 않을까 생각해본다.

(2012. 1.)

노란 리본

— 미안합니다

맑게 갠 5월 하늘이 시리도록 내려앉은 시청 앞 광장을 지나다가 얼핏 시청 청사 앞에 늘어져 바람에 나부끼는 노란 리본 물결에 눈이 멎었다. 만인의 사랑이 응고되어 하늘 아래 출렁이는 노란 리본. 뉴스에서만 보았던 광경을 실제로 바라보니 가슴 뭉클했다.

눈에 아른거리는 노란 리본의 흐느낌 안고 집에 돌아와 한참 멍하니 앉아 있다가 거실에 앉아 리본 만들기를 서둘렀다. 샛노란 헝겊을 찾아 손으로 한 땀 한 땀 뜨면서 정성 들여 만든 리본을 가슴에 달고 묵념을 올렸다, 졸지에 사랑하는 가족들을 잃고 절망하는 위족들의 통곡이 한반도를 뒤덮은 참사 4월 26일 세월호 침몰 사건.

전쟁터 장병들의 조속한 무사귀환을 바라는 간절한 염원

이 달아오르고 있는 노란 리본.

레몬 향기가 풍기듯 극히 따뜻한 이미지의 노란색 의미는 희망 그리고 빛이다. 간절히 희망을 염원하고 한줄기 빛을 기원하는 마음의 상징이다.

6·25 한국전쟁 발발 시 서울에서 대학을 다니던 오빠가 한강 인도교가 폭파되기 전날, 천운으로 강을 건넜으나 전주 집에 돌아오지 못하고 행방불명이 되었다. 어머니는 밤마다 장독대 위에 정화수 떠놓고 빌고 나는 노란 리본을 만들어 가슴에 달고 대문 앞 매화나무에도 줄줄이 걸어 오빠의 무사 귀가를 갈망했다.

그 무렵, 국군 위문단원으로 자원한 나는 가슴에 노란 리본을 달고 무용을 했는데 국군 중에 오빠가 있을지 모르고 혹 오빠 친구들과 만날지도 모른다는 생각에서였다. 그리고 국군 위문주머니를 만들 때도 노란 리본에 오빠 이름을 써 넣기도 했다. 그러나 내 희망은 물거품이 되고 휴교령이 내려 1·4 후퇴 시 제주도 어촌으로 피란, 막막한 섬에서 매일 바다에 나가 노란 리본을 물에 띄우고 오빠의 무사 귀환을 빌었다.

긴 겨울을 보내고 복교하기 위해 부산에 갔을 때, 오빠 친구를 만나 소식을 들었다. 벙거지를 눌러쓴 거지행색으로 남쪽으로 가던 중, 여수에서 인민군에게 붙잡히고 만 오빠. 자수하고 인민군이 되라는 강요에 구사일생으로 야반도주에

성공, 미군 도움으로 광주 보병학교 통역장교로 근무하고 있다는 기쁜 소식에 나는 노란 리본의 효력을 믿게 되었다.

지금 노란 리본을 가슴에 단 나는 뉴스에 매달려 텔레비전 앞에서 잠시도 눈을 떼지 못하고 있다. 오빠의 무사귀환의 기적을 회상하며 바다에 누워버린 세월호가 점점 기울어가는 동영상을 보면서 안타까웠지만 승객은 전원 구조되었다는 보도에 마음을 놓았었다. 그런데 그것은 오보였음을 나중에 알고 분개하지 않을 수 없었다.

선장과 선원들이 승객들을 배 안에 두고 반바지 바람으로 허겁지겁 탈출하는 치욕스런 모습이 뉴스화면에 노출되었을 때 경악을 금치 못했다. 전 세계에 그 뉴스가 나갔으니 우리 치부가 드러나 얼마나 부끄러운 일인가. 겉으로 선진국으로 발돋움 했다지만 속으로 병들어버린 대한민국이 아닌가. 아시아의 후진국이 마침내 일을 저질렀다는 외신 보도에 접했을 때 참으로 부끄러움을 금치 못했다.

용감한 잠수부들의 목숨 건 수색작업에 애간장이 타면서 나날을 흘러 보내는 마음. 일찍 찾아온 장마철, 비바람 치는 태풍까지 몰고 오는 이상 기후 속에 구조작업이 늦어져 안타까움 속에 벌써 7월도 저물고 오늘로 106일째를 맞았다. 희생자들을 애도하는 노란 리본 수백만 장은, 숨어 우는 바람 소리만이 가슴 우벼 파는 진도 팽목항 방파제에 매달린 채, 빛이 바래고 비에 축 처져 실종자 수색은 열흘 넘도록 제자리걸음이다.

아직 실종자 10명이 가족 품으로 돌아오지 못하고 있어 나날을 까맣게 타는 가슴으로 지쳐 쓰러진 가족들은 묵묵히 합숙소인 진도 강당 한구석에 병자처럼 머물고 있는 모습이 얼마나 안타까운지. 최후의 한 사람이 남을 때까지 함께 있자고 서로를 격려하는 모습에 가슴이 터질 것 같아 눈시울을 적시게 했다.

언제 끝이 날까. 우리는 기다려야 한다. 한 마음 한 뜻으로 최후의 한 사람이 구조될 때까지 기다려야 한다는 노란 리본의 아우성. 마침내 눈물도 말라가는 팽목항 등대 길에 10개의 노란 깃발이 걸렸다. 학생 5명, 일반인 3명, 교사 2명의 이름을 적은 소망의 깃발. 등대길 난간에도 작은 깃발이 걸려 별모양 판에 적힌 구구절절한 추모글들이 가슴을 울렸다.

마침내 바다 밑바닥에 박혀버린 '세월호'. 이 현실 앞에 아연실색하면서 우리 일상을 뒤바꾸어 놓고 만 이 엄청난 사건 앞에 모두 침묵하고 말았다. 온통 바다가 노도(怒濤) 되어 덮쳐오는 분노, 진실을 밝히고 각성해야 한다는 목소리가 높아졌다. 전국 곳곳에 설치된 분향소마다 찾는 이의 발길이 더욱 빈번해지고 계속 분향소와 노란 리본이 유지되는 것은 사람들의 분노가 가라앉지 않고 있음이 아닌가.

이렇게 온 국민이 일손을 놓고 내 일처럼 세월호 참사 100

일 넘는 불행을 하루같이 이겨내면서 일찍이 이처럼 모두가 하나 되어 애도하고 위로하고 분노하고 질타한 비극이 있었던가 돌아본다. 앞으로도 절대 되풀이되어서는 안 될 교훈으로 남을 대사건. 인간 공동체의 괴멸을 보여준 참으로 부끄럽고 슬픈 참극을 잊지 말아야 할 것이다. 우리 든든한 미래를 향하여 세월호의 젊은 죽음은 결코 헛되지 않을 것이다.

지금, 황혼기에 접어든 나는 사춘기 때 노란 리본의 설렘이 살아나는 느낌으로 살고 있다. 누가 거들떠보는 사람도 없는데 수필과 서예의 길에 매진하며 꾸역꾸역 밥 세끼 축내고 있는 삶. 원고와 붓글씨 쓰는 일감이 밀렸는데 세월호 뉴스에만 매달려 하루하루를 보내고 있다.

정신을 차린 나는 먹을 갈고 붓을 들었다. 노란 리본을 펴고 내 온 정성 쏟아 팽목항 등대길 10명의 별들에게 눈물 어린 편지를 썼다.

"미안합니다. 참으로 미안합니다. 이 나라 어른으로 산다는 것이 부끄럽고 그저 미안합니다."

(2014. 7. 30.)

문학의 향기

— 金裕貞 문학비 앞에서

작고문인을 기리는 '우리문학기림회'에서는 지난 광복절에 23번째로 김유정(金裕貞)작가의 문학비를 건립했다. 춘천 시에서 20리 떨어진 신동면 증리 산120-20번지, 녹엽 싱그러운 금병산(金屛山)이 병풍처럼 둘러싸인 마을을 굽이쳐 돌아가는 실레이야기 길. 산 정상으로 가는 등산로 갈림길, 아담한 정자가 보이는 곳이다.

3일 후, 이곳 유지와 내빈, 주민들과 함께 우리 회원들이 한데 모여 제막식을 가졌다. 가뭄을 해소하는 비가 주룩주룩 내려 모두 우산을 받고 비석 앞에 모였다. 우리 회 총무 사회로 식이 시작되자 회장인 내가 인사말을 하고 홍천 출신인 소설가 전상국 김유정 기념사업회 이사장의 뜻 깊은 축사 말씀이 있었다.

"우리문학기림회의 도내 첫 번째 기념비가 김유정 마을에 건립되어 영광이며 이 기념비를 통해 김유정 문학 정신이 후세에 지속적으로 이어질 것이다."라고. 이어 토지 제공자 조중현님은 "내 땅에 김유정 문학비를 세워 영광이라 했고, 유족 김진웅님(김유정 형 손자)의 차분한 언행에서 작가의 풍모를 엿볼 수 있었다.

비에 젖은 흰 천을 거두니 비석 글씨가 선명하게 드러나 작가의 문학 혼이 꽃 한 송이로 피어났다.

金裕貞 문학의 현장

(1908. 2. 12.-1937. 3. 29.)

이곳 실레이야기 길은 작가 김유정이 산책하며 작품을 구상, 1930년대 당시 우리 농민들의 곤궁한 삶을 향토적 해학으로 소설화했던 명작의 무대 현장이다. 29세를 산 그는 산골 나그네, 총각과 맹꽁이, 소낙비, 금 따는 콩밭, 만무방, 봄.봄, 동백꽃 등 주옥같은 소설 30여 편을 남겼다.

이 고장에서 태어나 살면서 주변 이야기를 소설화했던 작가는 주로 자신의 생활이나 농민들을 소재로 토속어 비속어로 향토색 짙은 풍정과 토속적인 인간상을 형상화하는 데 주력했다. 해발 652미터의 수려한 금병산에 둘러싸인 천혜의 마을 풍광이 마치 옴폭 파인 떡시루 같다 하여 이름 지어진 신비스런 실레마을 전체가 작품 무대가 된 것이다.

1908년 2월 12일, 뼈대 있는 집안의 2남 6녀 중 막내아들로 태어난 작가는 어려서 부모님을 여의고 고독과 빈곤 속에서 우울하게 자랐다. 12세에 상경, 재동공업보통학교를 거쳐 휘문고등보통학교에서 안회남과 친하게 지내며 공부를 마치고 1927년에 연희전문 문과에 입학했으나 몸이 약해 2년 후 고향에 돌아와 늑막염을 앓으며 가난과 병마에 시달렸다.

한때 금광에 손대기도 하고 무질서한 생활을 하다가 1932년, 실레마을에 간이학교 '금병의숙(錦屛義熟)'을 세워 불우한 아이들에게 글을 가르치기 시작, 틈틈이 산골짜기를 산책하면서 작품을 구상했다. ≪조광≫에 실린 작가의 수필 〈5월의 산골짜기〉를 보면 "주위가 시적이니만치 그들의 생활도 시적이다. 어수룩하고 꾸물꾸물 일만 하는 농민들을 대하면 마치 딴 세상 사람들을 대하는 것 같다."고 할 만큼 순박한 사람들이 소설의 주인공이었다.

그의 작품 세계는 인간에 대한 훈훈한 사랑을 토대로 예술적으로 다루고 있다는 데 묘미가 있어 특히 우리 전통적인 민중예술의 솜씨로 흥미 있게 해학과 비애를 동반한 특징을 가지고 있다는 평을 받았다. 결핵과 치질이 악화되면서도 글쓰기 열정을 놓지 않았던 그는 1937년 다섯째 누이의 과수원집 토방에서 투병 생활을 하다가 봄 3월 29일 새벽, 달빛 속에 하얗게 핀 배꽃을 바라보며 숨을 거두고 말았으니 그때

향년 29세였다.

요절한 그 삶이 슬퍼서 하늘도 우는가. 세상을 뜨기 11일 전, 휘문고보 동창생 안회남(본명 必承)에게 보낸 편지가 떠오르자 내 가슴에도 비가 내린다. "지금 나는 병마와 최후 단판을 하고 있다. 나에게는 돈이 시급히 필요하다. 나로 하여금 너의 팔에 의지하여 광명을 찾게 해다오." 최후의 순간까지 삶에 대한 의지를 꺾지 않고 손에 책을 쥐고 있었다는 불굴의 작가.

산수유 피는 3월 29일, 이 땅을 떠난 날에 작가는 부활했다. 해마다 그 날을 기념하여 〈김유정문학촌〉에서는 작가를 기리는 추모제가 열려 많은 사람들이 모여든다. 오로지 작품 쓰기 열정으로 타올랐던 짧은 생애가 후대에 별처럼 빛나고 있지 않는가. 1965년 서울시 문화상 수상, 2002년 김유정 문학관 개관, 2004년 신남역을 김유정역으로 변경, 2014년 실레길에 김유정문학비 건립. 이렇게 작가는 고향 곳곳에 영원히 살고 있는 것이다.

그리고 사시사철, 각지에서 모여드는 금병산 등산객들이 김유정 소설 제목을 딴 등산로를 메우고 있다. 이들의 발걸음을 '산골 나그네' '총각과 맹꽁이' '노다지' 등, 소설 속으로 이끌어주는 흥미진진한 산행. 그들은 모두 갈림길에 이르러 '김유정문학비' 앞에서 발을 멈추고 한숨 돌리며 작가의 문학혼을 기린다. 실레길 사방으로 퍼지는 문학의 향기 속에서.

(2015. 5.)

3. 감사하는 마음

感謝

나는 행복할 때 감사한다 나는 행복을 원하기 때문이다 그러나 나는 불행할 때도 감사한다 감사하는 내 마음이 행복하기 때문이다 한 행복은 밖에서 오고 한 행복은 안에서 온다 마치 숨은 밖에서도 들이쉬고 안에서도 내어쉬는 것 같이 이와 같이 우리의 생명은 행복과 불행으로 내어쉬는 숨과 들이쉰 숨으로 어느때나 감사를 드리도록 만들어졌다

감사하는 마음, 35×70cm, 2002. 4.

햇빛 한 숟가락

영원한 비상(飛翔)

감사하는 마음

단감 다섯 개

한글, 문학을 노래하다

아! 풀꽃

내 마음 비우고

이것이 우리 한글입니다

바닷가 명상(瞑想)

그 지팡이

나는 행복할 때 감사한다. 나는 행복을 원하기 때문이다. 그러나 나는 불행할 때도 감사한다. 감사하는 내 마음이 행복하기 때문이다. 한 행복은 밖에서 오고 한 행복은 안에서 온다. 마치 숨은 밖에서도 들이쉬고 안에서도 내어 쉬는 것 같이 이와 같이 우리의 생명은 행복과 불행으로 내어 쉬는 숨과 들이쉬는 숨으로 어느 때나 감사를 드리도록 만들어졌다.

(복음서에서)

햇빛 한 숟가락

세월 앞에 장사 없어 모든 것이 나이와 더불어 무너지기 시작하자 그 선두 주자는 눈이었다. 나도 모르게 눈이 침침하여 잔글씨 쓰기를 기피하게 되고 신문이나 컴퓨터 모니터를 보면 머리까지 무거워지는 것이다.

고희에 이르러 건강 검진 결과 후천적 노인성 백내장 진단을 받았다. 병원에서 처방해준 안약으로 꾸준히 치료했지만 점점 시야가 안개 낀 듯 뿌옇게 어려 길을 걷다가 곧잘 넘어지곤 했다. 이렇게 4년 정도 지나자 백내장이 진척되어 수술을 받기에 이르고 만 것이다.

잔뜩 겁이 나서 머뭇거리는 나를 큰며느리가 등을 밀어 종합병원에 갔다. 신체검사를 마치고 수술을 기다리는 시간은 초긴장이 되어 몸에 한기가 돌아 위축되었다. 시간이 되어

3층 수술실로 들어가 좁다란 수술대 위에 올라갔다. 담당 조수가 오른팔에 혈압기 달고 왼팔에 링거주사를 꽂고, 가슴에 심전도를 설치, 완전 무장하고 눈에 마취제를 계속 넣고 있는데 심장이 마구 뛰었다.

백내장 수술은 동공에 예리한 메스로 혼탁해진 수정체를 초음파로 쪼개어 제거하고 수정체가 있던 공간에 인공수정체를 삽입하는 간단하지만 극히 정밀하고 위험한 수술이어서 온 신경이 곤두섰다. 메스를 든 의사 손이 바삐 움직이기 시작하자 옆에서 조수들이 점안 마취제를 주입시키며 수술을 도왔다.

참고 견뎌 이겨내야 할 이 긴박한 시간, 오직 기도하며 하나님께 매달렸다. 하루 금식한 가벼운 몸으로 수술대 위에 오르니 하늘 중간쯤에 올라간 듯 공중에 붕 뜬 기분으로 정신이 몽롱해지며 점점 의식을 잃어갔다. 어렴풋이 떠오르는 먼 기억, 어째서 배고팠던 소녀시절이 떠오르는 것일까.

일제 강점기, 2차 대전 막바지에 공주사범학교로 유학 갔던 열세 살, 기숙사의 세끼 밥은 노란 강냉이밥 한 줌으로 간에 기별도 가지 않았다. 매일 비실거리며 송근 캐기와 마초 베기 근로봉사에 혹사당하다 B29가 뜨면 잽싸게 방공호 속에 들어가 숨죽였다. 꼬르륵 소리가 나는 배를 안고 주저앉으면 두 눈으로 흐르던 눈물.

내 땅에서 나는 내 나라 쌀인데 마음대로 먹지 못하는 억울

함은 식당 쌀이 없어지면 먼저 범인으로 한국학생들이 조사 대상이 되는 분노로 이어졌다. 또 강제 노동을 시킨 농장의 잡초 뽑는 일, 돼지 울 청소 등에 지쳐 쓰러지면 하루빨리 이 지옥에서 벗어나고 싶은 생각뿐이었다. 마침내 그날은 왔다.

광복의 날 8월 15일, 종이태극기 흔들며 달려갔던 환희의 귀향길. 고향집에 도착하여, 대문에 들어서자 맨발로 뛰어나온 어머니 품에 안겨 얼마나 울었던가. 부랴부랴 밥을 지어 주신 어머니. 그렇게 한이 진 쌀밥 한 숟갈을 듬뿍 떠서 먹으니 텅 빈 배가 금세 차오르는 게 아닌가. 그 포만감!

"수술이 잘 끝났습니다." 마취에서 깨어나자 들리는 집도 의사 말에 정신이 들자 플라스틱 안대로 눈을 감싸주어 수술대 위에서 내려왔다. 타임머신을 타고 과거 여행에서 돌아온 나는 무사히 수술을 마친 안도감에 감사하는 마음이 넘쳐나 연신 "감사합니다."만 연발했다.

몽롱한 한 쪽 눈만으로 더듬거리는 나를 조심스럽게 부축하는 며느리 손에 이끌려 집에 가 쉬었다. 다음날, 수술 결과를 보기 위해 병원에서 차례를 기다렸다가 순서가 되어 간호사 앞에 앉으니 겁이 덜컥 났다. 내 앞으로 바짝 다가앉아 플라스틱 안대를 조심스레 걷어낸 간호사는 일대 선고라도 내리듯 "눈을 떠 보시지요." 하지 않는가.

설레는 가슴으로 지그시 감았던 눈꺼풀을 살며시 여는 순간, 간호사의 유난히 빨간 립스틱 입술 너머 창문을 통해 들어온, 아아! 눈부신 햇빛 한 숟가락. 배고팠던 시절 쌀밥 한 숟가락이 내 빈 배를 채워 준 것처럼 뿌연 안개를 걷어낸 동공으로 들어온 햇빛 한 숟가락은 내 눈을 온통 밝은 빛으로 가득 채워주는 게 아닌가.

순간 모든 게 환히 거듭나는 느낌으로 내게 한 숟가락이란 의미는 양으로는 비교할 수 없는 하늘만큼 땅만큼 한 무한대의 분량이었다. 나를 감싸 안아주는 이 강렬한 빛의 울림에 놀랄 뿐이었다. 효녀 심청처럼 나를 지켜보고 있는 며느리 손을 잡고 일어서면서 그저 "감사합니다."만 되뇌었다.

병원을 뒤로 밖으로 나온 나는 가슴을 활짝 폈다. 위기는 곧 기회인가. 인생이란 여행길을 돌아보면 '천 번의 위기를 극복하고야 새 기회가 주어져 어른이 된다'는 말이 실감났다. 나는 지금 인생길 막다른 골목, 마지막 기회를 붙들어야 할 시점에 서서 주위를 돌아보았다.

나는 새롭게 도전 정신이 살아나는 이 순간을 뜨겁게 사랑하리라. 지금 이 순간의 에너지가 모든 경계를 넘어 퍼져나갈 것이니까. 햇빛 한 숟가락이 온 천지로 번져 눈부시는 한여름 낮, 어지러웠던 허상(虛像)들을 말끔히 걷어낸 눈앞에 도전할 새 꿈이 솟아났다.

(2014. 6.)

영원한 비상(飛翔)

— 오창익 교수 산수연(傘壽宴)에 부쳐

오직 한길 문학수필에 뜻을 두고 연구에 전념하는 젊은 수필가. 오창익(吳蒼翼) 교수를 처음 만난 것은 지난 1980년 무렵이었다. 1977년, 한국일보 신춘문예에 당선된 수필 〈해바라기〉 작품을 읽은 나는 적지 않게 받은 신선한 감동으로 기억에 남아 있는 수필가였다.

교수는 1981년에 출간한 수필집 ≪첫 번째 실수≫와 1984년 출간한 ≪해바라기 담 너머 피다≫를 통해 해바라기 작가라는 인상을 짙게 풍기는 수필가로 부상했다. 그 당시 해바라기 꽃만 봐도 오 교수가 떠올랐으니까. 그러자 창립된 한국수필 진흥회 이사로, 또 수필문우회 회원으로 함께 활동하게 되어 자주 얼굴을 대하게 되었다.

그 무렵, 나는 세종문화회관에서 서예 개인 전시회를 열었다. 첫날, 찾아온 오 교수가 〈飛翔〉이라는 작품 앞에 한참 서서 감상하더니 "이것은 내 것이다."며 못을 박는 게 아닌가. 전시회를 마치고 며칠 후, 초등학생 아들을 데리고 집에 와서 약속대로 이 작품을 가지고 갔다.

왜 '飛翔'인가. 우리는 다 같이 비상을 꿈꾸었기 때문일까. 내가 오랫동안 붓을 들어 행초서체를 연구하여 꿈꾸는 세계를 향한 상승 이미지를 살린 작품. 심혈을 기울인 만큼 애착이 간 이 '비상'이 오 교수 가슴을 울린 것은 푸른 날개[蒼翼]를 지닌 이름에서 연유한 것은 아닌가 싶었다.

오 교수 노력은 끊이지 않아 몸에 푸른 날개 달고 비상했다. 수필쓰기에 박차를 가하면서 한편, 수필 이론을 연구하여 마침내 〈1920년대 한국수필문학연구〉로 중앙대학교 대학원에서 문학 박사 학위를 획득했다. 그리고 3수필집 ≪北窓≫을 출간하는 의욕을 보여주었다.

"더러는 아픈 상처를 만져주고 이글거리는 노여움을 삭혀도 준다"고 토로한 〈북으로 난 창〉. 평양남도 평원군 출생인 오 교수는 지난 50년, 1·4 후퇴 때 드럼통에 매달려 대동강을 건넜던 실향민이었다. 그 아픔이 밴 이 작품은 윤재천 교수 편저 ≪수필작법론≫ 277쪽에 실린 '序頭考를 중심으로'에 이어 대표작으로 부상했다. 이 작품을 완성하는데 5개월 넘게 걸렸다는 창작 노트를 읽고 감동하지 않을 수 없었다.

그리고 2004년에 상재한 선집 ≪경의선≫ 가운데, 수필

〈경의선〉에도 실향민의 아픔이 짙게 깔려있다. 서울에서 신의주까지 전장 499킬로미터의 복선 철도 경의선(京義線). 임진강을 건너고 대동강을 건너는 고향 길, 그 철길을 따라 꽁꽁 언 발을 질질 끌며 남하했던 쓰라린 추억을 떠올리게 하는 글이 모든 이의 심금을 울렸다.

지금은 임진역까지만 단선 운행되고 있는 한 많은 철도. 한 발치라도 고향 가까이 다가가고자 향수에 젖은 오 교수는 일산 자택에서 매일 그 기차를 타고 출퇴근했다. 50년 한을 풀며 애타게 남북통일을 갈망하는 수필가의 집념이 절절히 끓어오르는 명수필 〈경의선〉.

계속 멈춤 없는 오 교수는 중앙대학교 국문과 강사를 거쳐 인천전문대학 부교수로 재직하면서 한편, 동아일보 문화센터에서 수필 강좌를 맡고 많은 수필가를 양성했다. 날로 늘어나는 문하생들로 하여 1991년, 싹튼 계간 문예지 〈創作隨筆〉이 지금 장장 통권 90회에 이르고 있으니 실로 놀라지 않을 수 없다.

순수문학 잡지 운영의 어려운 여건 속에서도 꾸준히 이어온 이 수필전문계간지. 수필가와 수필문학가는 구별되어야 한다고 주장하는 발행인 오 교수는 문예수필만을 싣는다는 신념으로 오늘까지 차질 없이 계간지를 발간하고 있는 것이다.

원로 서예가 강암(剛菴) 송성용 선생의 예서체 제자가 무게를 실어주는 표지를 열면, 오 교수 논단 '창작 수필의 이론과 실제'가 펼쳐진다. 이어서 수필가들 신작이 줄을 잇고 끝 부분에는 엄선된 등단 상 공모 당선작과 기획 연재인 장편수필이 이 잡지의 특색을 드러내주고 있다.

오늘날, 장르의식 구체화를 위한 전문지 ≪창작수필≫지는 수필문학 창작성 고양과 수필문학가들의 의욕적인 창작 활동을 돕는 계간 수필 전문지로 우뚝 서기에 이르렀다. 그래서 나로 하여금 문학수필 창작에 열정을 쏟아 붓게 하는 원동력이 되고 있다.

飛翔! 오 교수에게 ≪창작수필≫지는 고향과 가족의 유의어(類義語)이자 바로 동의어(同義語)가 아닌가. 사무치는 '고향 그리기' 한(恨)의 승화이며 '해바라기 사랑' 가족의 따뜻한 화합의 장이다. 그리고 늘 꿈꾸던 창작 수필세계이기도 하다.

지금까지 저 높은 곳을 향하여 꾸준히 이어온 삶. 이제 축복의 산수을 맞아 더 힘차게 비상할 오창익 교수님께 뜨거운 박수와 함께 고려 충신 정몽주 시 〈春興〉 작품 족자를 선물하면서 선생님의 만수무강하심을 기원했다.

(2014. 7. 12. 그랜드힐튼호텔 컨벤션홀에서)

감사하는 마음

— 백목련 서른한 송이

고개 들고 우러른 하늘이 아스라하다. 저 멀리에 내 분신, 서예 작품들. 성경구절 '시편 23편'과 '生命', 추사의 시 〈春日〉, 이식의 시 〈新燕〉, 주무숙의 〈愛蓮說〉, 황진이의 〈반달〉 등, 그리고 매화, 수련, 창포 등, 채색화 작품들이 눈앞에 나풀거리면 금세 눈물이 핑 돈다.

집착일까. 아니면 위선일까. 벌써 여러 해가 넘었는데도 잃어버린 작품에 대한 애착을 떨쳐버리지 못하고 있으니. 아니 영원히 잊지 못할 것이다. 그것들을 움켜쥐고 있는 범인을 용서하고 기억에서 지워버리고자 몇 번이나 다짐했던가. 그러나 하늘만 우러르면 그날의 분노가 치솟아 가슴이 화산처럼 터지는 것이다.

나는 평생 꿈인 고희 기념 서화전을 계획하고 그 준비에 여념이 없는 나날을 보냈다. 전시회 날이 임박하자 엄선한 작품 65점을 표구사에 맡기고 도록 제작하는 출판사를 물색했다. 그런데 문제는 표구를 끝낸 작품을 도록 사진 촬영을 하려고 출판사 직원이 운반하는 과정에서 생겼다.

내 연구실이 있는 인사동 동일빌딩, 8층 표구사에서 작품을 인수 받아 엘리베이터로 옮기면서 배접만 한 신작 31점 두루마리 뭉치를 구석에 세우고 촬영실이 있는 2층에서 내린 직원 두 명. 먼저 대형 병풍과 액자를 들고 나온 후, 나머지 신작 뭉치를 꺼내려고 뒤돌아서자 그만 문이 닫혀버린 것이다.

그런데 올라갔다 내려온 엘리베이터 안은 텅 비어있는 게 아닌가. 문을 고정시키지 않은 실수에 놀란 직원들이 혈안이 되어 빌딩 사무실마다 구석구석을 심지어 쓰레기통까지 이 잡듯 뒤졌지만 헛수고였다. 세상에 이런 일이 있을까. 절벽에서 떨어져 산산조각이 난 몸으로 현장에 달려간 나는 현상금을 내걸고 찾았지만 헛수고였다.

하늘이 내리신 경종일까. 나를 시기하는 사탄의 올가미에 걸린 내가 더 겸손하고 온유한 사람으로 거듭나기 위한 채찍질인가. 죽음 문턱에 선 순간인데도 참담한 이 역경을 이기려는 안간 힘이 고개를 들었다. 법으로 호소하려고 결심하자 책임을 통탄하고 나선 출판사에서 전시회 날까지 도록을 만들어주겠다는 각서를 받고 분실한 작품을 다시 쓰기로 했다.

내 힘을 시험할 240시간. 절망의 동굴에서 탈출하기 위해 나는 밤낮 외골수로 작품 쓰기에 매달렸다. 열병 같은 집념으로 먹을 갈고 붓을 들어 오직 31점에 도전하는 절박한 시간과의 싸움. 결승점을 눈앞에 둔 마라톤 선수처럼 숨을 헐떡이며 작품 쓰는 데 몰입했다. 그러나 쫓기는 이 긴박감 속에 얼얼해진 손으로 겨우 건진 다섯 점.

곧 바로 도록 제작에 들어가 초고속으로 진행하는 출판사 직원과 함께 야간작업을 하면서 편집과 교정 등에 매달리다 보니 종국에 현기증이 일어 코피까지 쏟으며 쓰러져버렸다. 드디어 20일 만에 도록이 완성되던 전시회 전날, 감색 바탕에 금박으로 내 이름 석 자가 새겨진 표지를 어루만지며 나는 비로소 참았던 울음을 터트렸다.

이렇게 해서 나는 어줍지 않게 70년 세월을 풀어놓고 서울과 제주에서 전시회를 가질 수 있었다. 가슴에 얼음 덩어리가 응어리진 채로 일흔 잔치를 끝냈다. 썰물이 쓸고 간 모래밭 같은 전시장에 외롭게 남은 나는 그 허탈한 가슴으로 잃어버린 작품들이 투사된 하늘을 자주 올려다보게 되었다.

봄 3월이 열린 어느 날, 무심코 바라본 목련나무 가지에 꽤 많은 꽃망울이 부풀고 있음을 발견한 것이다. 아주 서서히 함부로 자기를 드러내지 않는 겸손함으로 나날이 부풀어 가는 모습. 매서운 꽃샘바람을 이기며 조용히 자신 속에 침잠하고 있는 달관의 꽃을 보자 그 인내심이 눈물겨워 영혼의 눈을 떴다.

4월이 열리자 따스한 봄 햇살에 환호성을 지르며 활짝 흐드러진 목련꽃. 경이의 눈을 뜨고 몇 번을 세어 보아도 분명 서른한 송이가 아닌가. 하나님의 섭리인가. 가슴에 맺힌 31의 숫자가 가지마다에 잃었던 작품이 되어 조신하게 피어나 그 무엇으로도 치유되지 않던 가슴앓이 상처가 이 기적의 꽃으로 하여 시나브로 아물어갔다.

내 지난 고난의 시간들이 꽃 위에 겹친다. 항상 하나님께 감사하는 믿음생활을 하는 내 마음속에 불행을 당해도 감사하는 마음이 우러난 것이다. 범인을 용서했으면서 돌아서면 용서되지 않았던 2중성. 그 증오의 감정이 사랑으로 녹아내리는 지금, 내가 목련꽃으로 위로 받는 것처럼 누군가도 내 작품으로 위로 받고 있다면 잃어버린 작품에 대한 미련은 버리기로 했다.

목련꽃 서른한 송이! 천사의 너울인가. 쏟아지는 봄 햇살을 받으며 그 넉넉한 일곱 폭 치마를 펼치고 춤추듯 온몸으로 절창하는 꽃이여. 그 지순 고결한 아름다움 속에 숨어있는 사랑은 조건 없는 사랑임을 깨달았다. 아름다운 것은 영원한 기쁨인 것을. 사람도 목련처럼 순수할 수 없을까 생각에 잠기며 불행할 때도 감사하는 마음이 우러나 복음서를 쓰고 수시로 읽는다.

(2002. 4.)

단감 다섯 개

한껏 꿈에 부풀어 인생은 아름답고 풍요롭다고 구가하며 풋풋했던 시절, 남남이 만나 부부로 살면서 서로 눈을 맞대고 마주보는 것만이 사랑인 줄 알았다. 그러나 나이 들수록 연륜에 감기는 사랑이 익어가자 은연중 '진정한 사랑은 둘이서 같은 방향을 바라보는 것'이라 한 생택쥐페리의 명언이 떠오르는 것이다.

은퇴 후, 뎅그렁 부부만 남은 거실에서 조용히 성경책을 읽는 남편 곁에서 나는 먹을 갈아 붓을 들고 성경 말씀을 썼다. 청년시절, 동네 교회에서 만나 결혼한 우리는 날로 신심이 두터워져 서로가 같은 방향을 바라보고 있음을 알고 얼마나 흐뭇했던가. 믿음이 받쳐주는 25층 아파트 저층 넓은 거실에서 흙냄새 상큼한 앞마당 초목들과 숨 쉬며 감사 충만한 삶을 이어갔다.

화창한 봄날, 화초 가꾸기를 즐기는 남편은 아침마다 베란다 화분에 물을 주고 마당에 내려가 개나리, 산수유, 목련나무에 다가서서 바람의 말에 귀 기울이며 사색에 잠기곤 했다. 만발한 꽃 향기에 취하는 것도 잠깐, 가을 들어 초록빛 물결을 이루던 잎새들이 단풍 드는가 싶더니 금세 누런 낙엽으로 사라지며 다가온 겨울, 텅 빈 뜰이 얼마나 가슴 허전하게 했던가.

말수 적은 남편 속마음은 유실수 한 그루 심기를 바라고 있어 나도 그 뜻을 따라 어떤 나무를 심을까 연구하기 시작했다. 얼핏 떠오르는 감나무. 눈 내리는 겨울에도 앙상한 가지에 꽃 핀 듯 달린 태양빛 붉은 감. 햇살과 노을 먹고 서리를 이겨낸 그 감미로운 맛은 일품으로 우리는 유난히도 감을 좋아했다. 내가 더 좋아해서 부부싸움 끝에도 단감만 사오면 화가 풀어졌으니까.

봄이 열리자 나는 서둘러 동대문 5가 나무시장을 찾아갔다. 한 바퀴 나무시장을 돌아보던 나는 여러 나무 중에서 내 키만 한 감나무 묘목을 골라 사들고 버스에 올랐다. “10년 후면 단감이 열릴 겁니다!” 나무 주인의 말을 귓전에 흘리고 꿈같은 훗날을 그리며 집에 돌아와 보니 남편은 벌써 땅을 파고 있었다.

우리는 잡석들을 골라내고 주위의 잡초를 뽑으며 감나무

온상을 만들었다. 큰 나무들을 빗겨간 햇볕 잘 드는 곳에 조심조심 갓난아기 다루듯 나무뿌리를 내렸다. 그 옆에 웅덩이를 파서 땅이 숨 쉬게 해주고 닭똥, 퇴비, 과일 껍질 등 비료를 골고루 넣어 흙을 덮고 다독거리며 정성스레 밟았다.

무더운 한여름 호스를 대고 물을 듬뿍 주고 가녀린 나뭇가지에 앉은 새를 쫓는가 하면 잎사귀에 묻은 새똥을 닦아주고 겨울에는 짚으로 두툼하게 가지를 싸 추위를 막아주며 애지중지 다루었다.

오로지 감나무에 쏟는 사랑으로 우리는 더 하나가 되는가. 어느날 가뭄을 해소하는 가을비에 젖는 감나무를 멍하니 바라보았다. 비는 하늘이 내리신 비료다. 마치 초록 물감을 풀어놓은 듯 나뭇잎들이 녹즙을 떨어뜨리며 유독 푸르게 살아난 감나무를 보던 눈시울이 차츰 젖어오는 게 아닌가.

나무는 사람 같다. 아니 우리가 나무 같다. 감나무로 서 있는 우리 부부. 비실거리는 몸을 받쳐 주는 비료는 무엇인가. 빗물처럼 내 가슴 적시며 버티게 하는 비료는 투병 중인 남편을 간병하며 이겨내려는 강한 의지다. 남편은 당뇨병 치료약을 나는 안정제를 먹으며 동고동락하는 부부란 즐거움보다 아픔의 연대감이 썩어 문드러진 퇴비처럼 가슴을 후벼파며 쌓이는 것을.

그런데 그 무렵이었다. 지병인 당뇨병이 악화된 남편이 신부전증으로 입원하게 된 것은, 병원 급식이 입에 맞지 않는 남편을 위해 매일 식이요법으로 장만한 음식을 들고 병원에 나가 힘껏 남편 시중을 들었다. 그런데도 병은 호전되지 않고 급기야 생명을 연장하기 위해서는 투석 치료를 받아야 한다는 주치의 진단에 우리는 아연실색했다. 한사코 투석하기를 거부하는 남편을 설득한 나는 1주일에 세 번, 인공신장실에서 투석하는 남편 곁을 지켰다.

온몸의 피를 다 쏟아내어 혈액 투석기의 반투과막을 통해 혈액 속 노폐물을 여과시켜 제거하기를 무려 4시간. 남편의 왼팔 혈관에 꽂힌 바늘 두 개가 몸 구석구석을 돌며 신비한 생명의 상승작용을 지켜보면서 나는 비릿한 병실에서 내 손을 꼭 잡고 있는 남편 손을 놓을 수가 없었다. 육체적 고달픔보다 견디기 힘든 번뇌로 가득한 얼굴을 보면 가슴 미어지고 눈물이 앞을 가렸다.

태양과 흙과 바람, 그리고 공기와 빗물, 대자연의 기운은 감나무를 탈 없이 키워 주고 있는데 어찌 인간의 병마는 첨단 의술과 내 극진한 간병으로도 물리칠 수 없는 것일까. 점점 체중이 줄고 기운 빠지는 남편의 건강회복을 의사에 매달려 간청하면 노인이니까 그렇다고 할 뿐. 말문이 막힌 공허한 마음 달래며 오직 찬송과 기도로 나날을 보냈다.

입원생활 3년 남짓, 기진맥진 된 내 가슴 무너지던 날, 남편은 꼭 잡은 내 손을 놓고 눈을 감고 말았다. 모든 것이 헛되고 헛되어버린 순간, 인간의 생로병사는 누가 주관하는지,

이 모두가 하늘의 뜻이라면 받아들여야지 하며 혼자서는 감나무를 바라볼 아무 의미 없어 이 집을 떠나기로 했다. 새 주인에게 감이 열리면 알려 달라 하고 하늘이 앞마당인 6층으로 옮겨 앉아 버렸다.

눈 뜨고는 태양을 바로 볼 수 없어 두문불출, 눈물과 외로움 삼키며 수필과 붓글씨 쓰기로 불광불급(不狂不及)의 경지에 몰입, 세월의 흐름을 잊어버렸다. 굳이 반추하기 싫은 추억들을 세월의 수레바퀴에 갈아 뭉개며 지내던 나날들, 어언 남편 떠나고 6주기를 맞이한 어느 쓸쓸한 늦가을. 내 감나무 집에 살고 있는 주부가 불쑥 찾아왔다.

"감이 열렸어요!" 내미는 손에 든 쟁반 위 붉그레 윤기 도는 단감 다섯 개! 그동안 허공에 맴돌던 내 고독과 절망과 허무가 이 빛으로 응고, 승화되었음인가. 순간 내 심연에서 뜨거운 물줄기가 솟아 온몸이 떨려 가슴이 울렁거린 나는 그 감을 깨끗이 씻어 쟁반에 담아 남편 사진 앞에 놓았다.

그리고 창문을 활짝 열어 가슴 펴고 눈부신 햇살 퍼진 하늘을 우러렀다. 눈앞에 환상으로 떠오르는 감나무 한 그루, 그 가지에 열린 꽃처럼 고운 '단감 다섯 개'를 지금 우리 부부 함께 바라보고 있다.

(2015. 10.)

한글, 문학을 노래하다

— 경주 세계한글작가대회 참가기

9월 15일 쾌청한 오후 1시 30분, 나는 펜클럽 회원들과 함께 경주에서 열리는 '세계 한글 작가 대회에 참석하려고 부산행 KTX를 탔다. 18일까지 4일 동안, 국내외 문인들의 소통과 교류확대를 통해 한국문학의 우수성을 세계에 알리는 행사가 펜클럽한국본부 주최로 '화백컨벤션센터'에서 열린다.

주제는 〈한글과 한국문학의 세계화-한글, 문학을 노래하다〉로 15개국에서 해외 작가와 교포문인 29명, 국내 문인과 학자 38명 등이 강연 연사로, 그 외 국내 문인 400명, 시민과 학생 3000명이 참여하는 대규모 행사이다.

현대호텔 7층 23호, 보문 호수가 보이는 창가에서 김지형 수필가와 여장을 풀고 개회식과 환영만찬이 있는 화백컨벤션센터로 이동했다. 축제 분위기가 무르익은 3층 로비에는 참가자들이 북새통을 이루고, 세계 각국에서 모여든 문인들이 서로 반갑게 인사하며 사진 찍느라 바빴다.

여러 회원들과 인사를 나누면서 무심코 사방을 돌아보던 나는 두 눈을 크게 떴다. 낯익은 사람처럼 나를 반기며 강하게 잡아끄는 것은 여기저기 걸린 행사 안내 포스터에 크게 확대된, 주제 글 〈한글, 문학을 노래하다〉 바로 내가 쓴 붓글씨가 아닌가. 훈민정음 원본이 깔린 남색 바탕에 하얗게 드러난 한글고체 글씨 앞에 발을 멈추고 서서 바라보니 감개무량했다.

세종대왕께서 창제하신 한글, 천(天)·지(地)·인(人) 삼재(三才)와 음양이론을 바탕으로 자연의 이치를 따라서 실증적으로 고안된 우리 훈민정음은 세계 으뜸으로 자부심을 가지고도 남는다. 그 원리는 인간의 언어를 조합하고 말하는 것에 가장 가깝고, 사람의 발음기관을 본 떠 만들어져 우리 한글과 견줄 문자는 세상 어디에도 없다.

〈훈민정음해례본〉 서문에서 집현전 대제학 정인지는 "단지 28자만 가지고도 바람 소리, 닭 울음소리, 개 짖는 소리까지도 모두 이 글자로 적을 수 있다."고 했다. 세상 만물 어떤 소리라도 글자로 적을 수 있는 글은 한글뿐으로 우리는 한글에 대한 자긍심을 높이고 전 세계에 한글의 과학성과 독창성을 알려야 하는데 오늘이 바로 그날이 아닌가.

나는 부랴부랴 대회장에 들어가 빈자리를 찾아 앉았다.

300명 넘는 작가들이 내뿜는 열기 속에서 이상문 펜클럽 이사장의 개회사에 이어 각계 요인이 축사와 환영사를 했다. 그리고 두 시인의 축시 낭송과 문효치 문인협회 이사장의 건배사가 이어졌다. 일제히 잔을 들어 축배의 와인을 마시며 만찬을 들고 무대에 펼쳐진 축하공연을 관람하고 돌아왔다.

다음날 16일 8시, 특별강연과 주제발표가 있는 컨벤션 3층에서는 2008년, 노벨문학상을 수상한 프랑스의 작가 '르 클레지오'가 '언어들의 소리'라는 강연으로 서막을 열었다. 우리말과 글, 문화에 대한 애정이 얼마나 깊은가를 느끼게 하며 엄청난 재능과 체험으로 계발된 인간의 영혼을 시현하는 이벤트였다. 강연 말미에서 "작가들은 사회학자, 철학자, 경제학자등을 뛰어넘는 식견을 갖추어야 한다. 꾸준히 공부해야 한다."는 요지의 일갈은 청중의 가슴을 울렸다.

다음, 일본 언어학자 '노마 히데키[野間秀樹]' 교수 또한 우리에게 긴장과 부끄러움을 안겨준 석학이었다. 일찍이 외국인 최초로 한글학회가 주는 주시경학술상을 받은 지한파(知韓派) 지식인인 그는 유창한 한국말로 〈훈민정음=한글의 탄생과 발전을 언어의 원리론에서 보다〉라는 주제를 풀어나갔다. 그가 갖춘 언어학 이론의 탄탄한 바탕은 성실하고 근면한 학구와 뛰어난 상상력의 소산임을 가늠케 한 '한국말과 글자에 대한 흥미와 사랑'이 밑바탕을 이루고 있었다.

오후, 주제발표 첫째 마당 '한글, 한글문학의 세계화' 시간은 최동호 고려대 명예교수가 좌장이 되어 이끌었다. 해외 한글 문단의 역사와 현재에 대해 한글문학 전공자와 현지 활동가들이 무려 4시간이 넘게 논의했다. 진지하게 강연을 경청한 회원들은 저녁식사를 마친 후 모두 불빛 찬란한 밤의 안압지를 찾아 그윽한 정취 속에 옛길을 걸으며 머리를 식혔다.

다음날 17일은 하루 종일 비가 내렸다. 그러나 궂은 날씨에도 열기는 식지 않아 빡빡한 강연 일정으로 강행군이 계속되었다. 컨벤션 2층 강의실에서는 제2 주제, '세계 속의 한국 문단'에 이어 재외동포의 한글문단에 대한 발표와 질의응답이 있었다. 러시아, 중국, 일본, 미국 서부와 동부, 브라질, 호주 등, 작가들의 열띤 발표에 귀 기울이며 모두 뜨거운 박수를 보냈다.

오후에는 동국대학교로 이동하여 문학 강연 '한글문학의 세계화'를 들었다. 르 클레지오(프랑스)와 윤후명(한국), 레굴라비스케(독일)와 에크발바라카(이집트)의 발표를 순서대로 듣고 '예술의 전당'으로 이동, 경주시민과 함께하는 한글문학축제 초대장과 관람권을 받았다. 그 속에도 내가 쓴 글씨 〈한글, 문학을 노래하다〉가 인쇄되어 있었다.

조금 후 이명재 조직위원장이 붓글씨 쓰느라 수고했다며 이 공연 초대장 한 묶음을 내 가슴에 안겨 주는 게 아닌가. 모두 시선이 내게 쏠리자 마침 옆에 있던 노마 히데키 교수가 손에 든 초대장 글씨와 내 얼굴을 번갈아 바라보며 환한 웃음을 보내 주었다. 이 일본사람이 '한글'을 썼던 내 마음을 아는지 모르는지.

대공연장 예술의 전당은 회원과 시민들로 꽉 차서 축제무드가 넘쳤다. 작가와 시인들이 출연, 세계한글작가에게 보내는 편지에 이어 시낭송이 있었다. 유명 국악인과 음악인의 노래는 우레 같은 박수가 재창으로 이어져 열기 충천, 하이라이트를 장식했다. 끝으로 이상문 대회장의 폐회사로 막은 내려져 모두 이슬비 속을 숙소로 돌아왔다.

잔치는 끝났다. 1997년 유네스코에서 '세계기록 유산'으로 등재된 자랑스러운 우리 문화유산 '한글!'. 이번 대회를 통해 한글이 영어와 어깨를 겨루는 한글 보급운동과 한글문학의 세계화에 앞장서는 문예 사업을 지속적으로 모색해야 하리라.

한글로 글을 쓰는 작가들 긍지가 이 대회로부터 다시 살아나서 세계의 작가로서 자긍심을 가지는 새 지평이 열리기를 바라며 나는 〈한글, 문학을 노래하다〉 주제 글씨 뭉치를 소중하게 가슴에 안고 서울행 기차를 탔다.

(2015. 9. 20.)

아! 풀꽃

— 일본 후쿠오카 형무소 옛터에서

멀고도 가까운 나라 일본. 한 시간 남짓 비행 끝에 규슈 비행장에 내린 우리는 버스로 몇 군데 명소를 돌아보았다, 티 하나 없이 깨끗한 길을 오고 가는 사람들. 그 속마음도 저렇게 깨끗할까. 물끄러미 바라보던 나는 후쿠오카 형무소로 가는 버스에 올라서야 긴장이 되어 저항시인의 절창 '서시(序詩)'를 음미하며 마음 달랬다.

> 죽는 날까지 하늘을 우러러/ 한 점 부끄러움이 없기를/ 입새에 이는 바람에도 나는 괴로워했다/
> 별을 노래하는 마음으로/ 모든 죽어가는 것을 사랑해야지/ 오늘 밤도 별이 바람에 스치운다

예전 중국여행 길, 시인의 모교 용정중학교 운동장에 우뚝

선 비석 글을 읽은 감회가 되살아났다.

〈서시〉에서 바람에 스치우는 별은 〈별 헤는 밤〉으로 이어진다. "그러나 겨울이 지나고 나의 별에도 봄이 오면 무덤 위에 파란 잔디가 피어나듯이 내 이름자 묻힌 언덕 위에도 자랑처럼 풀이 무성할 게외다". 별처럼 빛나는 가치를 동경만 하고 실현하지 못하는 부끄러움이 언젠가는 봄을 맞아 높은 이상들을 실현할 날이 올 것임을 믿은 시인, 드디어 그의 별(조국)에 봄(광복)은 오고야 말았지만 시인이 이 세상을 떠난 후가 아닌가.

시가지를 얼마나 달렸을까. 가까이에 항구가 있다는 동네, 바닷바람이 머무는 곳에서 버스를 내린 우리들은 길모퉁이를 돌고 돌아 한참을 걸었다. 으스스한 한기에 몸이 움츠려드는 눈앞에 쇠창살로 둘러져 있는 4층 건물이 등 돌리고 서 있지 않는가. 알고 보니 예전 담 높은 형무소 자리에 새로 지은 구치소 뒤쪽이라고. 어째서 우리들은 당당하게 정문으로 들어가지 못하고 쫓겨난 죄인처럼 음지로 밀려나 웅크리고 있는 것일까. 왈칵 분노가 치밀었다.

〈쉽게 씌여진 시〉에서 "인생은 살기 어렵다는데 시가 이렇게 쉽게 씌워지는 것은 부끄러운 일이다"고 한탄했던 시인. 연희전문 문과를 졸업하고 입교대학으로 유학(1942), 동년에 동지사 대학으로 전학했던 무렵의 시가 처절하게 가슴을 친다. 식민지 백성의 서러움 딛고 우리 한글로 계속 저항시를 쓰던 시인은 1943년, 사상 불온과 항일운동 혐의로 일경에 피

검되어 2년 형을 받고 이 형무소에 수감되고 말았던 것이다.

옥중 생활은 비참하여 그 자체가 죽음으로 가는 길이었다. 건장한 체구를 겨우 지탱하는 하루 세끼 죽 한 모금, 비타민 결핍증과 영양실조로 결핵환자가 된 피폐해진 시인이 급기야 야만적인 일인의 생체실험 대상이 되었던 날, 식염수 주사를 맞은 후 "으악" 하고 외마디 소리를 지르며 죽음을 맞을 때, 그 피맺힌 절규는 하늘에 메아리로 퍼진 "어머니!" 그리고 "대한독립만세!"가 아니던가. 향년 28세. 광복 6개월 전인 2월 16일이었다.

분노의 떨림이 진동으로 변하여 온몸에 빈진 나는 건물 가운데쯤, 잡초로 엉성한 녹지 앞에 쭈그리고 앉아 눈물을 삼켰다. 시나브로 눈앞이 거룩한 문학 성지로 변하자 이곳 한일 문화교류 대표라 인사하는 마나기 미키코[馬男木美喜子]씨가 추모식을 주관했다. 눈부시게 새하얀 백합꽃 다발을 맨땅 제단에 바친 우리들은 그 향기에 젖어 모두 고개를 숙였다.

"하나님 아버지! 오직 민족과 문학, 인류의 사랑과 평화를 위한 시를 쓴 죄로 젊음을 바친 당신의 아들을 따뜻하게 보듬어 주소서." 기도를 마치고 고개를 드는 순간, '많은 사람을 정의로 이끄는 이들은 별처럼 영원무궁 빛나리라.'는 다니엘 12장 3절 성경말씀이 떠오르자 이게 웬일인가. 내 젖은 눈에 얼핏 별처럼 아롱지는 것이 있었다. 아 풀꽃!

메마른 땅 돌 틈을 비집고 올라온 강인한 생명, 안개꽃 같은 가냘픈 모습으로 시인의 이름 석 자 묻힌 이곳에 자랑처럼 핀 풀꽃이여. 양지 바른 언덕을 마다하고 그늘진 음지일지라도 자유롭고 의롭게 살고자 정의에 굴하지 않던 시인의 투철한 의지가 한 서린 입김으로 피었는가. 아니, 그늘진 구치소 언 땅을 뚫고 제일 먼저 봄을 알리는 정령은 소박한 향기로 시인을 추모하며 속삭이고 있었다. 우리에겐 겨울만이 있었던 게 아니라고.

시인이 이 세상 마지막 밟은 형무소 땅에 서서 만감이 교차한 나는 이제는 감상에 그치지 않고 시인의 숭고한 삶에 새롭게 응답해야함을 깨달았다. 그 당당한 죽음의 의미를 통해 거짓 없고 굳건한 역사의식으로 후대에게 영원불변한 애국정신의 진가를 알리리라.

> 괴로웠던 사나이/ 행복한 예수 그리스도에게처럼/ 십자가가 허락된다면/ 모가지를 드리우고/ 꽃처럼 피어나는 피를/ 어두어 가는 하늘 밑에/ 조용히 흘리겠습니다

십자가를 진 예수를 행복하다고 찬미한 윤동주 시인. 흘리는 피가 꽃으로 화려하게 연상되는 죽음이 얼마나 거룩한가. 나는 오늘, 십자가적 죽음을 웃으며 영접했던 저항시인을 추모하는 아주 작은 풀꽃이었다.

(2013. 4.)

내 마음 비우고

— 추수감사절에

평생, 수필과 서예 속에 파묻혀 살아온 내 삶을 떠올리며 잠시 마음의 휴식을 가져본다. 바쁘고 숨차게 살아 온 나날들, 어느새 여든 문턱에 다가선 내 삶터가 마냥 허허롭다. 언제부터인가 내 마음에 자라온 작품들을 통해 이루고자 했던 세상에 대한 보답과, 기꺼이 내 것을 내 놓고 싶었던 감격의 순간들을 끄집어내본다.

내 주위에 수북하게 쌓인 보물들. 피 말리는 작업으로 이룬 수필집과 서예작품들이 집안 가득하다. 지금까지 나는 얼마나 많은 것을 움켜쥐고 살았는가. 그러면서 더 갖고 싶어 쓰고 버리고 또 쓴 작품들의 더미. 쓰는 욕심도 버렸어야 했는데 항상 허기져 밥숟가락을 입에 물고 있듯 붓을 손에서 떼지를 못했다. 먹어도 속이 허전한 것처럼 아무리 글을 써도 내가 바라는 경지에 이르지 못한 함량 미달 작품들이 양이 차지 않았기 때문이다.

가을 해는 왜 그리 짧은지. 무심코 해가 기우는 베란다에 엎어져있는 작은 항아리들에 눈길이 갔다. 너무 정 들어 버리지 못하고 이사 올 때 가지고 온 것들이다. 멍하니 바라보고 있으니 문득 목사 고진하 시인의 〈묵언의 날〉이 떠올랐다.

— 중략 —

하지만 지금은 속엣것들을 말끔히 비워내고
거꾸로 엎어져있다.
부글부글거리는 욕망을 비워내고도 배부른 항아리들,
침묵만으로 충분히 배부른 항아리들!

봄 그리고 여름날, 화려한 꽃들의 사라짐은 아름다운 열매를 약속하듯 비움은 또 다른 채움의 시작임을 깨닫게 해주는 귀한 시를 음미하면서 나는 어떤 결심을 굳히게 된 것이다.

그동안 붓을 들어 한 우물을 파듯 내 온 정열과 혼으로 이루어진 성경말씀 작품들, 여러 나라를 돌며 전시하고 많은 이들의 마음을 움직인 믿음이 녹아있는 보배들, 너무나도 소중하여 가슴에 꼭 품고 돌아와 아끼고 아낀 피붙이 같은 작품들을 아낌없이 내놓으리라. 오직 믿음과 사랑으로 충만한 교인들 앞에 조심스럽게 내놓고 내 뜻을 밝히리라.

11월이 되자 교회마다 추수감사절이 이어졌는데 내가 평생을 몸 담아온 대신교회에서는 첫 주일인 7일에 감사절을 보냈다. 나는 그 다음 주일, 싸늘한 바람이 불어대는 교회 앞마당에 성구 작품들을 내걸고 성도님들을 초대하고 내 작품에 새로운 열매가 맺는 아주 소중한 만남을 체험한 것이다.

일일이 작품 앞에서 발을 멈추고 감상하면서 내 시린 두 손을 꼭 잡고 격려를 아끼지 않는 믿음의 식구들. 하나씩 작품을 거두어 줄 때마다 나는 북받치는 감격에 눈물을 글썽이며 '서예기행' 수필집을 선물했다. 하나님께서 미리 준비해주셨음인가. 전시회장은 기적이 일어나 영적으로 하나 된 교인들의 나눔의 물결이 해가 지도록 이어졌다.

"네 시작은 미약하였으나 네 나중은 심히 창대하리라."는 성경말씀처럼 나에게 생명을 주시고 재능과 건강을 주셔서 서예와 수필의 길에서 전력투구, 오늘을 있게 해주신 주님께 엎드려 감사 기도를 올렸다. 눈을 드니 쟁반에 들고 온 따끈한 설록차 한 잔이 언 몸을 녹여 주는 게 아닌가. 믿음의 손길 우러난 김복남 사모의 사랑에 눈시울이 젖어들었다.

성도님들이 모두 나를 감싸주며 적극 작품 구입에 앞장서서 도움을 주어 너무나도 큰 은혜에 감사하는 마음 하늘에 메아리 졌다. 나는 작품 수익금 전액에 보탠 3남매와 내 감사헌금과 함께 추수감사절 헌금으로 봉헌하기로 거듭 결단하게 된 것이다.

11월 마지막 주일, 목사님께 감사기도를 올리고 헌금을 바치고 돌아가는 길, 이 세상에 나보다 행복한 사람이 또 있을까 반문했다. 감사하는 마음에 행복이 깃들어 내 온몸이 붕 떠서 날아가듯 가벼웠다. 속을 깨끗이 비운 항아리처럼. 범사에 감사하는 사람은 기쁨이 충만하여 오늘을 정말로 행복하게 살 수 있다는 것도 깨달았다.

"좋은 일이 있으신가 봐요. 얼굴이 훤하시네요." 아파트 입구에서 만나는 사람마다 하는 말을 들으며 집에 들어와 얼른 거울 앞에 섰다. 이 가슴 뿌듯한 포만감, 예전의 외롭고 어두운 그늘이 말끔히 사라지고 활짝 꽃이 핀 내 얼굴이 거기 있지 않는가. 항상 내 안에 계신 하나님께서는 금방 아주 값진 것을 가득 채워 주셨음을 확인한 것이다.

내 마음 비우고 나니 이렇게 행복하고 편안한 것을. 그 빈 마음 가득, 철철 넘치도록 채워 주신 것은 바로 삶의 활력이었다. 미래를 내다보며 마음에 품을 수 있는 꿈과 비전, 눈앞에 프리즘처럼 새로운 일이 눈부시게 빛나고 있지 않는가. 나는 다시 새 일을 시작할 의욕이 불끈 솟아났다.

(2010. 11. 14. 주일)

이것이 우리 한글입니다

한글 말살 정책으로 혈안이 된 일제 강점기에 태어난 나는 여덟 살 되던 해에 가슴에 창씨 개명한 이름표를 달고 초등학교에 들어갔다. 엄동설한에도 매일 아침, 운동장에 서서 황국신민 맹세를 외쳐대고 일본 국가를 부르고 손발이 얼어 힘들어도 신사참배를 다녀왔다. 그리고 온종일 수업시간에 일어만 배우며 일본인화 되는 꼭두각시임을 차차 알게 되자 마음에 파문이 일었다.

집에 돌아와서야 어머니와 우리말로 대화하면 얼마나 통쾌한지. 오래 묵은 체증이 사라진 듯 시원했다. 동네 반장이 집집마다 다니면서 온 가족이 일본말만 사용하는 집은 '국어의 집'이란 문패를 달아주고 배급 쌀도 더 주었는데 우리 집은 언제나 제외되었다. 반장 앞에서 "그놈의 일본말

몰라도 더 잘 산다." 당당히 맞서는 어머니의 한글사랑 때문이었다.

어린 가슴에 적개심만 깊어지며 6학년으로 올라간 습자시간. 오직 일념으로 내선일체(內鮮一體)만 쓰게 하는 일인 선생에게 세뇌 되던 때, 우리를 대변이라도 하듯 "한글 쓰고 싶다."고 모기소리로 중얼거린 착하디착한 내 짝 옥자는 비호같이 달려와 뺨을 후려갈긴 선생의 우직한 손으로 고막이 터져 비명과 함께 그 자리에 쓰러지고 말았다.

소식을 듣고 허둥지둥 달려와 우는 딸을 업고 눈물 훔치며 묵묵히 교실 문을 나가던 어머니. 정오의 운동장 멀리 그림자도 없이 사라지던 옥빛 치맛자락이 지금도 내 가슴 한복판에 통한의 불씨로 남아 꺼지지 않는다. 옥자는 아버지 없이 가난해서 병원 갈 돈도 없을 텐데 하고 나는 흐르는 눈물을 불끈 쥔 주먹으로 연신 훔쳤다.

말이란 그 민족의 뿌리다. 뿌리에서 줄기를 타고 마음속 깊이에서 솟아나는 나만의 목소리, 어머니의 젖 줄기를 통해 익혔던 우리말을 마음대로 쓰지 못하고 방황하던 우리들은 이듬해 광복을 맞고서야 한글을 배웠던 것이다. 외국어처럼 생소한 우리 한글을 외우며 가슴에 품고 살았던 모국어를 백일하에 드러내고 "대한민국만세!" 외쳐대던 그날의 감격을 어찌 잊으랴.

세종대왕께서 창제하신 우리 한글, 천지인(天地人) 삼재(三才)

와 음양이론을 바탕으로 자연의 이치를 따라서 실증적으로 고안된 우리 훈민정음은 세계 으뜸으로 자부심을 가지고도 남는다. 나는 성인이 되어 서예 공부를 하면서 붓을 들어 한글 고체(古體)를 연구하기 시작했다. 한자의 전(篆), 예(隸)법으로 쓰는 고체 획에는 은연중 삼절(三折) 속에 민족혼이 내포되는 오묘함이 있다. "한글 쓰고 싶다"던 옥자의 말을 잊을 수 없어 나는 붓 끝으로 한글 고체 쓰기에 몰입했던 것이다.

서예 붐이 일던 1980년, 동경 한국문화원에서 열린 '한일 명사서화전'에 초대된 나는 한글 작품 〈조국강산〉을 출품했다. 모두 한문 작품을 출품했는데 오직 한글을 쓴 사람은 나 혼자였다.

2년 후 '일본서전' 초대전에는 우에노 공원에 있는 일본 제일의 '동경도미술관'에 〈용비어천가(龍飛御天歌) 2장〉을 걸고 옥빛 갑사 치마저고리로 서서 관람자들을 맞았다. 내 작품 앞으로 몰려든 사람들이 한글을 처음 본다고 유심히 바라보며 한복과 함께 아름답다고 칭찬을 아끼지 않았다.

나는 계속 흥미 있게 관람하는 옥자의 뺨을 때린 손을 가진 일인들에게 오래 가슴에 품었던 우리말을 큰 소리로 쏟아 냈다.

"이것이 우리 한글입니다."

(2015. 10.)

바닷가 명상(瞑想)

7월이 열리자 쏜살같이 달려와 마주한 바다. 강원도 강릉시 연곡 해변은 너무나도 조용했다. 표류하다 다다른 무인도 해변이 이러하리라. 한없이 신비스럽고 고요함의 극치를 이루고 있는 무한자유의 별천지.

끝없이 펼쳐진 수평선이 아련하고 하얀 포말을 일으키며 모든 것을 집어삼킬 듯이 밀려오는 파도. 이를 포근히 감싸안은 백사장은 길이가 무려 700미터에 이른다는 방대함으로 가슴이 시원하게 트인다. 모래밭에 앉아 두 다리를 펴니 종아리에 드러난 멍든 자욱, 외손 목에 한일자 자주색 흉터가 선명하다.

시원한 바닷바람이 얼굴을 스치며 속삭인다. 나만이 알아들을 수 있는 언어들을. 차분히 가라앉아 있는 바다는 사람

그림자도 없이 한산했다. 수영장이 개장 전이어서 하늘 아래 바다와 나뿐, 해는 구름에 숨었다가 이따금 고개 드는 오후의 해변이 퍽이나 쓸쓸하다.

눈감고 조용히 내 삶을 뒤돌아보게 하는 바다는 어머니 품속처럼 아늑하다. 슬픔도 눈물도 씻어주며 가슴앓이를 치유해주는 안식처. 눈앞에 쉬지 않고 출렁대는 파도는 내 몸에 활력을 주던 휴식처가 아니던가. 너무나도 정적인 호젓한 바닷가에 앉으니 절로 기도하는 마음이 열린다.

"고마우신 하나님! 썰물의 해변과 같은 저의 삶을 굽어 살펴 주소서. 덮였던 물이 다 빠져버린 지금, 곳곳에 흠들이 있사옵니다. 하오나 당신의 사랑은 끊임없이 다가오는 밀물이 되어 제 얼룩진 과거를, 후회와 상처투성이의 지난날을 깨끗하고 아름다운 해변 같은 순결하고 흠없는 새 삶으로 다시 빚어 주시오니 감사합니다."

지난 겨울은 내내 지옥 같은 나날들이었다. 갑자기 화산처럼 터진 대상포진의 통증으로 집에만 처박혀 살았다. 밤마다 땀띠처럼 오른쪽 어깨 위아래로 빨갛게 열이 솟구치면 얼음찜질로 통증을 달래고 잠을 청했다. 이러다 나도 모르게 죽음의 골짜기에 빠져버릴 것 같은 공포에 시달리면서 절대 안정하라는 의사 지시를 순순히 따랐다.

언제쯤 이 늪에서 벗어날 수 있을까. 아무도 원망하지 않고 아픔도 일도 다 주어진 운명으로 기꺼이 받아들였다. 신

새벽 잠이 깨어 잿더미에 앉아 질그릇 조각으로 악창이 난 몸을 긁어대던 성경 속 욥의 고통까지를 생각해낸 것은 절박했던 시간을 견디려는 의지였다. 설상가상 이 와중에 작고문인 문학비 세우는 일까지 주어진 것이다.

붓을 들고 비석 글을 쓰는 시간. 환부가 얼얼했지만 한자한자에 혼을 담아 육체의 고통 속에서 오랜 시간을 붓과 싸우며 이겨냈다. 그리고 현지답사, 석재상에 가는 일 등을 이어갔다. 한편 교정 본 수필 원고를 맡기려고 인쇄소를 찾아다니며. 잠시도 쉼 없이 일에 빠져들었다.

자연이 빚어낸 예술 작품인가. 시간도 멈춰서는 바다의 위용. 여름을 상징하는 자연의 이미지는 바다다. 피부의 통증은 사라졌지만 아직도 불씨가 남아 톡톡 튀는 아픔으로 남은 부스럼 자국을 소금기 바다 물속에 잠기고 싶다. 바다는 상처난 내 몸을 품어 쓰다듬고, 내 몸은 바다를 품고 서로의 아픔을 달래며 하나 되어 바다의 심연으로 빠져 들 것이다.

나는 누구인가. 오늘날까지 왜 그렇게 살았는가. 회의에 빠진다. 죄의식에서 벗어나지 못하고 번민하면서 살았기에 일을 보면 두 눈에 불을 켜고 미친 듯이 몰입했다. 그렇게밖에 살 수 없었을까. 너무 탐욕스럽게 쫓기듯 살아온 내 몸을 지금 바다는 위로하며 말끔히 씻어주니 감사할 따름이다.

이러한 내 천성을 나 자신도 어쩌지 못하고 살았다. 그것은 내게 주어진 운명이 아닌가. 몸의 질병이나 일이나 모두 하나님이 주신 축복의 삶이라고 믿기 때문이다. 사람이 일을 좋아하고 일에 매달리는 것이 죄가 될 수 있을까? 유유자적 자유롭게 쓰고 싶은 글을 쓰고 마음이 하나 되는 사람 대하듯 속 깊은 얘기를 스스럼없이 나누고 싶은 것이다.

아름다운 일몰의 시간, 해가 기울기 시작하자 일어서서 모래밭을 걸어 해안을 벗어나 펼쳐진 소나무 숲 속을 거닐면서 깊은 상념에 젖었다. 창세기 1절의 〈천지창조〉가 떠올라 "저녁이 되며 아침이 되니…." 창조의 원리를 되새겨본다.

'빛과 어두움.' 저녁이 있어야 아침이 오고 또 아침이 있기 위해서는 저녁이 있어야만 하는 대자연의 원칙을 깨닫고 지난 나를 돌아본다. 왜 나는 밝은 아침만을 가지려고 매달렸던가.

비록 저녁을 지나는 쓰라림과 고독이 있었지만 위대한 창조의 질서를 깨달은 지금, 밝은 아침만을 간구한 마음을 바다에 다 내려놓고 돌아서가니 파도 소리만이 점점 멀어져 갔다.

(2012. 7. 20.)

그 지팡이

벽에 걸린 액자 속 성경말씀. 한치 앞도 모르는 인생을 유약한 양떼에, 만사를 섭리하시는 하나님을 듬직한 지팡이를 드신 목자에 비유한 '시편 23장' 구절이 내 가슴에 화살처럼 꽂히는 아침, 나는 검정색 복장을 하고 가을비 속으로 집을 나섰다. 정동 골목에 있는 대한성공회 서울주교좌성당으로. 비에 젖어 정갈한 뜰에는 유가족들이 슬픔에 잠겨 서성거리고 있었다.

그분들을 위로하고 '세례자요한 성당'에 들어간 나는 경건하게 무릎 꿇었다. "우리 삶과 죽음을 주관하시는 주님! 오늘 이명숙(로사) 교우의 삼우(三虞)성찬례가 있는 날, 그 영혼을 위한 간구를 들으시고 영원한 안식을 주시옵소서." 왈칵 가슴 밑바닥에서 분노가 치밀어 슬픔이 솟았다. 제단 앞 영정

사진 속 고운 얼굴이 "내 지팡이 어디 있어?"라 하는 듯했다.

사람들의 눈이 되고 발이 되는 지팡이. 젊은 등산객들은 쌍지팡이로 험한 산을 오르내리고, 시각이 좋지 않는 사람이나 거동이 불편한 노인들이 길을 걸을 때 의지하는 유일한 보조 기구. 이렇게 지팡이는 사람을 돕는 역할을 한다. 어쩌면 비실거리는 노인들에게 지팡이는 서 있을 때나 걸을 때, 몸을 받쳐주는 주님의 버팀목인지 모른다.

친구에게는 지팡이가 바로 몸을 지탱해주는 척추였다. 예전에 '척추관협착증' 수술을 받은 친구는 지금까지도 그 후유증으로 무릎과 허리통증이 가시지 않아 진통제와 지팡이에 의지하고 살고 있다. 그런 몸으로 꾸준히 성당에서 성경공부를, 문화센터에서 한문시를 익히는 한편 '우리문학기림회' 회원으로 활동하는 강한 의지의 친구를 나는 늘 존경했다.

고희를 맞고 남편과 사별한 친구는 자녀들에게 의존하지 않고, 외로움과 육신의 고통을 성경말씀 따라 신앙생활로 극복하고 있었다. 병든 자신의 무력함을 통감하고 자식들 미래를 위해서는 서로가 멀어져야 한다는 생각으로 같은 아파트에 있는 아들 집을 그냥 지나쳐 버린다고. 만나고 싶은 마음 간절하지만 병들어 노쇠한 모습을 감추고 싶어서였다.

모든 어머니들은 꽃다운 나이에 결혼하여 자녀들을 낳고 키우면서 힘줄과 뼈가 닳도록 육아에 헌신할 때 얼마나 당당했던가. 그런 어머니 품에 안겨 황홀경에 빠진 자녀들. 그러나 그 당당함과 황홀함이 빛을 잃고 허리 굽은 노경이 되면 자녀들도 중년에 이르러 정신없이 바쁜 삶에 빠져버린다. 젊은 어머니 모습은 안개에 가려지고 언제부터 지팡이를 짚고 다니게 되었는지조차 가늠하기 힘들게 된다. 모든 것을 변화시키는 세월이 남긴 지팡이 하나.

친구가 성경을 읽으면서 깨달은 것은 지팡이는 '나그네의 표시'로 자기 몸을 지키는 필수품이 된다는 구절이었다. 길을 걷거나 여행하는데 지팡이 외에는 아무것도 지니지 말라는 말씀이 가슴을 울린다는 친구. 그 구절을 통독하노라면 마음이 편안해지며 지팡이는 하나님의 힘이라고 예수께서 타이르는 말씀으로 은혜 받는다는 것이다.

믿는 자의 마음은 순진무구의 세계로 빠져 어쩌면 어린아이처럼 옹고집이 되는 것일까. 그래서 성경 말씀처럼 험한 죽음의 골짜기를 지날지라도 내 곁에 주님 계시오니 무서울 것 없이 주님 인도하는 대로 따라가게 되는 것이리라. 아무 두려움 없이 마음 놓고 생명 길로 인도하시는 주님 손에 이끌리어 따라갔던 진정한 믿음의 소유자.

그날, 운명의 9월 25일 아침 10시, 서둘러 집을 나온 친구가 성경공부가 있는 성당에 가려고 4호선 이수역 승강장에서 지팡이에 의지하고 서 있었다. 조금 후 스크린 도어가 열리자 동시에 전동차 문이 열렸다. 친구는 재빨리 지팡이 끝을 차 안에 올려놓고 왼발을 떼려는 찰나, 그만 전동차는 문사이에 지팡이만을 끼운 채 달아나듯 떠나 버리고 말았으니.

"빨리, 그 지팡이 놓으세요!" 승객들이 아우성쳤지만 한사코 지팡이를 움켜잡고 놓지 않았던 80세 여인. 그 지팡이에 매달려 한 몸이 되어 끌려가다가 그만 참변을 당하고 만 것이다.

친구는 그렇게 세상을 등지고 영원한 여행길을 떠나가 버렸다. 성경말씀 대로 많은 사람이 가는 넓은 길 핍박(逼迫)하는 지옥길이 아닌, 사망의 음침한 골짜기 좁고 협착한 길, 핍박 받는 천국 길로 훨훨 날아간 것이다. 그 피붙이 같은 지팡이를 팽개치고 빈손으로 새들과 나비들이 찾아와 함께하는 천국으로 웃으며 올라간 친구.

친구여! 그곳에서는 지팡이가 필요 없어 놓고 갔는가. 이 땅에 남은 사랑하는 자손들이 눈물로 어루만지며 어머니를 그리고 그리다가 사노라면 세월은 흘러 노경에 이르게 되리라. 그때, 더더욱 겉으로 냉정했던 어머니의 따뜻한 체온을 뼈저리게 감지하게 될 것이다. 무릎 꿇고 가슴으로 끌어안을 어머니의 한량없는 사랑이 밴 그 지팡이.

(2014. 9. 29.)

4. 자작나무로 서다

자작나무, 40×140cm, 2004. 9. 푸시킨의 가을

마포에 살며

철쭉꽃 사랑

강한 어머니로 살던 그 시절

어느 날의 새벽시간

자작나무 숲에서 띄우는 편지

자작나무로 서다

손녀와 함께 한강을

어떤 외도(外道)

봄편지

여름편지

눈 덮인 설원에 수직으로 서서 하늘 우러르는 자작나무. 흰 구름 수피(樹皮)에 내려와 하얀 꿈을 꾸는가. 온몸 부스럼처럼 벗겨진 상처 애처로워 사랑하고만 싶은 나무. 내 가슴 열고 자꾸만 하고 싶은 말, "사랑한다. 그래 사랑한다."는 말은 얼마나 좋은가.

마포에 살며

— 바람처럼 물처럼 구름처럼

나는 마포에서만 40년 넘게 살고 있다. 서강대학교가 마주 보이는 주택가 신수동에서 20년 가까이 살다가 지금은 공덕동 오거리 삼성 1차 아파트에서 살고 있다. 조선조 중기까지 도성 밖 지역으로 밤나무 골로 유명한 이곳은 1946년 공덕동이란 이름으로 한강의 생활권 안에서 주로 수산물 상인들의 밀집 주거지가 되었던 곳이다.

조금 높은 언덕배기에 세워진 우리 아파트 단지에는 수시로 불어오는 강바람이 회오리치며 지나간다. 창문을 열면 우뚝 서있는 40층 롯데캐슬 프레지던트 건물이 시야를 막는다. 그 건물을 밀어내면 환상적인 마포나루가 꿈처럼 펼쳐지는 것이다. 우리 부부는 일손을 놓고 함께 바라보며 감회에 젖는다.

남편의 어린 시절 이야기를 듣고 있노라면 나는 꿈을 꾸는 것 같아 황홀해진다. 한강 하류 연안에 위치한 마포나루는 예전에 수상교통의 요충지로 전국농산물과 어염(魚鹽)상선으로 붐볐고 서해를 거쳐 서울로 들어오는 물화집산의 포구로 활기 띠었다고. 여러 가지 수산물을 풀어놓던 곳이고 지방에서 올라오는 곡물을 저장하는 창고도 있었다고 옛날을 회상했다.

순 서울 토박인 남편은 한강변, 도화동 홀리데인 호텔 뒤 '붉은 언덕'에 있는 조부모집에서 초등학교를 다녔는데 마포나루에서 수산업 도매상을 크게 하던 고모부집에 자주 놀러갔다고 한다. 배가 들어온 날은 온 일꾼이 모여들어 광 속에 민어, 조기, 새우 등을 가득 담는 축제분위기에 들떠 심부름을 곧잘 했는데 그중 큰 민어를 낑낑거리며 할머니께 갖다드리면 온 식구가 며칠을 신물 나도록 먹었다면서 피식 웃었다.

동심으로 돌아간 남편은 스르르 눈을 감고 가장 인상에 남는 것은 철새와 백로가 너울거리는 강변 풍경이었다고 술회했다. 친구들과 조개를 까먹으며 바라보면, 낙조가 물든 하늘에 수백 척의 돛단배가 모여드는 광경은 마치 한 폭의 그림이었다고.

심장을 녹여내는 감동으로 주저앉아 강바람에 취하면 시인이 되고 싶은 꿈에 부풀어 시간 가는 줄 몰랐는데 그 꿈은 물거품이 되어 버리고 세월이 흐르면서 이곳은 점점 변해갔다. 구한말 개항장으로 관문 역할을 하며 급속한 발전을 하게 된 것이다.

마포는 인천이 개항되기 전 1866년 천주교도 박해사건으로 프랑스 함대가 서강까지 올라와 풍운의 역사무대가 되었다. 서울에 철도가 부설되면서 물화 집산의 포구로서 기능이 줄게 되었고 6·25 한국전쟁을 거치면서 강화만(江華灣)이 막혀 한강으로 배들의 출입이 금해져 마포의 포구문화는 사라지고 말았다는 것이다.

나는 이따금 강변을 산책하며 숨통을 트면 세월 따라 기적을 이룬 변화들이 눈에 들어온다. 1970년대 건설된 마포대교 위로 온갖 차량들이 질주하고 강 밑을 뚫은 터널로 지하철 5호선이 달리는 곳. 1985년도에 우리를 놀라게 한 여의도 마천루 63빌딩도 멀리 아른거린다.

유원지였던 한강 옛 모습을 떠올리면 만감이 교차한다. 전철로 마포 종점에서 내려 강변 모래밭을 지나 수영을 즐기던 젊은 날이 어제만 같다. 송사리 떼들이 꼬리치던 유년의 고향 전주천이 떠올라 추억에 잠기면 강물에 띄운 종이배를 따라 어디든지 가고 싶었던 꿈을 더듬으며 걷는다.

누가 막으랴 이 흐름을. 가만히 흐르는 강물을 바라보노라면 그때 품었던 신비감만이 지금까지 이어지고 있을 뿐이다. 바람이 분다. 그동안 잊었던 사람들을 떠올리며 뺨을 스치는 강바람을 마시면 그렇게 상쾌할 수가 없다. 마치 옛정을 불러들여 속마음을 털어놓듯이.

그럴 때면 만남의 인연에 대해서 생각해 본다. 바람은 또 바람과 만나 하나 되어 불고 물은 또 물과 만나 속삭이며 어디로 흘러갈까. 하늘의 구름은 또 조각구름을 만나 두둥실 떠가고 있다. 모두들 처음 만난 남남끼리 마음을 맞대고 사랑으로 흘러가는 모습이 얼마나 정겨운가.

길을 가다가 옷깃을 스쳐도 인연이라고 하는데 그저 스쳐 지나가 버린다면 인연이 될 수 있을까. 사람의 인연이란 마음을 열고 신뢰와 사랑으로 하나 되어 어울릴 때 비로소 맺어지는 것을. 아무리 힘들고 어려워도 참고 견디며, 비바람 치는 세월의 강물 위를 유유히 흐를 때 우리의 정 줄기는 이어지는 것이리라.

하늘이 주신 내 보금자리 땅 마포. 이제 이곳은 근대화 과정을 거쳐 세계로 통하고 남북 간을 잇는 관문도시로 교통의 요충지가 되었다. 그러나 갈수록 오염되어가는 한강은 수질 개선 등, 환경과 인간의 관계가 연구 과제가 되어 정부는 강 살리기 운동을 벌인다고 시끄럽다.

자연 순리대로 흐르는 강을 사람 손으로 어떻게 변화 시킬 수 있을까. 강물만은 지금처럼 순리대로 흘러가게 해주기를 바라는 마음 간절하다. 강물따라 사색하는 행복 속에서 우리 가족은 언제나 하나 되어 흐를 것이다.

바람처럼, 물처럼, 구름처럼.

(2006. 8.)

철쭉꽃 사랑

— 〈헌화가〉 배경지에서

자연의 신비로움을 그대로 간직한 천혜의 관광지 강원도에는 오랜 역사가 살아 숨 쉬는 비경으로 이름 난 마을이 있다. 강릉시 강동면 심곡리. 주민들이 6·25 한국전쟁을 모르고 살았다는 심곡(深谷) 마을을 답사하고 싶어 나는 서둘러 강릉행 버스를 탔다.

강릉에서 정동진을 거쳐 조금 더 가면 바닷가 절벽 아래 해안선이 나타나는 절경과 만난다. 옥양목 띠를 풀어놓은 듯 굽이굽이 넘실대는 겨울바다 파도에 현혹되어 발을 멈추면, 바닷물이 파도를 타고 해변까지 올라와 발밑에 부서지는 환상의 낭만가도. 이곳이 바로 신라 향가 〈헌화가(獻花歌)〉 배경지로 지금은 '한국의 아름다운 길' 100선에 선정된 헌화로이다.

붉은 바위 끝에 잡고 있는
암소 놓게 하시고
나를 부끄러워하지 않으신다면
꽃을 꺾어 바치오리다.

아치형의 문을 들어서니 성황당 건물 옆에 관광 안내 표지판이 있고, 중앙에 있는 널따란 자연석에 새겨진 헌화가(獻花歌)가 반갑게 맞아주었다. 그 옛날, 신라 성덕왕(702-737) 때 이곳에 부임한 순정공을 따라 온 수로(水路) 부인이 벼랑에 핀 철쭉꽃을 탐내자 소를 몰고 가던 노옹이 꽃을 꺾어 바치며 지은 노래로 지금도 심금을 울리는 우리 향가이다.

삼국유사에 전해오는 이 민요적 성격을 띤 4구체 향가(鄕歌)는 한자의 음과 뜻을 빌려 적는 향찰(鄕札)로 기록된 우리 고유의 문학이다. 신라인의 사상과 정서를 다채롭게 담아 낸 그릇이었던 이 향가를 통하여 우리는 그 시대를 산 사람들의 낭만과 사랑이 발현되었음을 감지하게 되는 것이다.

설레는 가슴으로 헌화로 표지판을 따라 걸으니 맞은편 산에 헌화정(獻花亭) 입구가 나타났다. 우러러 가파른 절벽에 설치된 사다리 모양 나무계단을 보는 순간, 아찔했지만 무심코 오르니 다리가 후들후들 떨리며 현기증이 이는 게 아닌가. 오르기를 포기하려고 뒤돌아보니 진퇴양난, 내려가기는 더 힘 들 것 같아 눈 딱 감고 한발 한발 올라갔다.

진분홍 철쭉꽃을 탐낸 지체 높은 수로 부인의 탐미심과, 속세에 묻혀 사는 질박한 촌로의 순정이 대조되는 험한 벼랑길. 위험 무릅쓰고 여인을 위해 '나를 부끄러워하지 않으신다면' 하고 꽃을 꺾어 바치는 마음이 얼마나 순수한가. 신라인의 꾸밈없는 순박한 감정이 잘 드러난 서정시를 음미하면서 나는 흙 내음 풍기는 휑한 산속을 묵묵히 올라갔다.

어렵사리 운치 있는 팔각 정자에 기어올라 후유 한숨 쉬며 가슴 펴니 반기는 것은 온몸을 강타하는 바람이었다. 바람은 가슴에 맺힌 응어리를 날리며 삶의 수수께끼를 풀어주는 묘약 같은 것. 나는 정자 마루 밑을 뚫고 올라온 소나무 허리를 부여잡고 저 멀리 동해 바다에 넘실대는 흰 포말을 바라보았다. 얼마나 가슴 시리도록 상쾌한지.

내친김에 눈 돌려 산 정상을 향하여 전망대까지 올라갔다. 양쪽으로 가지 뻗은 희귀한 소나무 아래 설치된 벤치에 앉아 숨 돌리며 어디쯤에 철쭉꽃이 피어 있었을까 하고 사방을 돌아보았다. 시나브로 황폐한 겨울 산 여기저기 불그레 꽃물이 물들어 있는 것 같은 환상에 사로잡히는 게 아닌가.

철쭉꽃 꽃말은 '사랑의 즐거움'이다. 꽃을 탐하는 여심과 꽃을 꺾어 바치는 남정네 마음이 하나 되어 붉은 꽃빛으로 물든 산. 나이와 신분을 초월한 남녀를 대비시켜 성스러움과 속됨, 미와 추를 초월하는 숭고한 정신을 느끼게 하는 고귀한 사랑 노래 〈헌화가〉. 무려 2천 년 가까운 세월에 묻혀

버린 옛 신라인의 소박하면서도 고아한 정신세계가 살아난 듯 했다.

계속 〈헌화가〉를 음미하며 완만한 등산로를 따라 산을 내려와 아늑한 어촌 심곡(深谷)마을에 들어섰다. 이름 그대로 깊은 골짜기 안에 있어 마치 어머니 품에 안기는 기분이었다. 바다를 앞마당으로 30여 가구가 옹기종기 모여 어업에 종사하며 사는 평화로운 별천지 어촌.

참으로 묘한 것은 큰 길에서나 어느 곳에서도 이 마을이 보이지 않는다니 얼마나 깊숙한 지대인지 몰랐다. 신이 숨겨 놓은 신비스런 오지대(奧地帶)가 아닌가. 그래서 인민군 눈에 띠지 않아 동족상잔의 비극을 모르고 지냈다는 사실을 확인할 수 있었다.

속세를 등진 은자같이 차분한 시골 항구. 비릿한 내음 풍기는 해변 가에는 소형 고깃배들이 늘어서 있고 그 옆 공지에는 나이 든 어부가 그물을 손질하고 아낙네들이 앉아 해초를 다듬고 있었다. 저쯤에서 수로 부인이 일행과 점심을 먹으며 산에 핀 철쭉꽃을 탐냈으리라. 나는 그곳으로 다가가 아낙네들과 이야기를 나누며 먼 산을 우러러 그 옛날을 그려보았다.

주위 자갈해변은 바닷속까지 들여다보일 만큼 해맑고, 물살을 가르고 솟아오른 바위는 조물주가 정밀하게 켜켜로 쌓아올린 조각품 같아 수려함의 극치였다. 낚싯대를 드리우고 있는 노인이 신선 같기만 하고 방파제 쪽은 출입 금지여서 망망대해를 뒤로 아쉽게 돌아섰다.

벌써 해가 기울고 있는 해안선을 따라 쓸쓸한 금진해수욕장을 지나 헌화로 종점인 옥계 항을 향해 걸음을 재촉했다. 석양빛에 물든 환상적인 겨울 해안 풍광 속으로 빨려들어가니 눈앞에 또 철쭉꽃이 아른거리는 게 아닌가. 우리 정서를 깨우는 꽃. 이곳 소나무 숲에서 오늘 답사 길의 마침표를 찍으니 '사랑의 즐거움' 이란 꽃말이 다시 꼬리를 이으며 늘어진다.

사랑하고 사랑 받으며 사는 세상, 철쭉꽃 사랑이 녹아드는 계절이다. 꽃말처럼 내가 지닌 순수한 사랑을 아낌없이 주고 받는 즐거움을 누리며 살고 싶다.

(2014. 4.)

강한 어머니로 살던 그 시절

— 응답하라 1980년

1980년대 신군부 시절, 나는 모교 이화대학 국문과 강사로 있었는데 어느 날, 강의 도중 밖이 소란하여 나가 보니 사복 경찰관이 들이 닥쳐 데모 주동 학생을 끌고 가는 게 아닌가. 격분한 학생들이 반항, 순식간에 교내는 아수라장이 되었다. 제지당한 학생들이 항거, 교문을 뛰쳐나가 데모 행렬에 가담하여 길을 메웠다.

젊은 혈기로 뜨겁고 순수했던 그래서 더 시리도록 가슴 조이던 격동의 시절, 집에 돌아온 나는 텅 빈 집에서 아이들 생각에 어찌할 바 몰랐다. 영문학 전공인 딸과 법학전공인 큰아들, 사회학과인 막내아들이 집에 돌아올 때까지 일이 손에 잡히지 않았다.

그무렵 막내아들이 '도시빈민의 주택'에 대한 연구 논문을 쓰겠다고 봉천동 달동네 빈민촌에 방을 얻어 달라 졸랐다. 그 고집을 꺾지 못한 나는 산동네에 자취방 하나를 얻어 이사 시키고 일주일마다 허술한 옷차림으로 옷가지와 반찬 등을 싼 보따리를 들고 아들을 찾아갔다.

봉천동으로 들어가면 열리는 딴 세상. 산동네 고갯길 양쪽에 즐비한 구멍가게들. 그 뒤로는 작고 낡은 집들이 오밀조밀 얽어맨 듯 늘어져있고 판자대문들은 모두 열려있어 신발만 벗고 들어가면 방이었다. 방 옆 항아리 몇 개가 놓인 장독대에는 봉선화 한 송이 방긋거리고, 길은 주부들 빨래터이고 아이들 놀이터였다.

올라갈수록 더 남루한 집들, 재개발과 도시계획에서 밀려난 이곳은 30년 전이나 다름 없이 구태의연했다. 경제성장, 사회복지를 외치는 세상에도 지울 수 없는 가난의 흔적이 남아 있다니. 검게 탄 얼굴에 땀 흘리며 흙투성이 신발을 끌고 가가호호 방문, 논문자료를 얻었노라고 환하게 웃는 아들을 만났다. 대견스러운 아들과 함께 저녁을 먹고 장하다고 다독거려주고 어둠이 깔린 산동네를 내려왔다.

이 세상 모든 어머니들은 애지중지 아들 딸 잘 키워 대학관문을 뚫고 나면 우선 한시름 놓는다. 그러나 대학 4년이 10년처럼 느꼈던 것은 나 혼자만이 아니었을 것이다. 아들이 지향하는 저 높은 곳을 바라보기만 할 뿐 그 패기를 긍정적으로 평가하면서도 과격한 행동을 제지하는 용기가 필요했던 시절. 어머니로서 능력의 한계를 느꼈던 것이다.

법학과를 마친 큰아들은 곧바로 사시 공부에 몰입했다. 매일 내 정성이 담긴 도시락 두 개를 들고 집 가까운 연세대학 도서관에 나갔다. 하루 종일 책과 씨름하다 집에 돌아오면 또 묵묵히 책상 앞에 앉았다. 이런 아들에게 아무 말이 필요 없었던 나는 밤참으로 영양식을 만들어주고 어깨를 주물러 주며 쉬게 하는 일이 우선이었다.

산동네에서 내려와 도시빈민에 대한 논문 작성에 바쁜 작은아들은 어디를 쏘다니는지 바지와 신발은 흙투성인 채 늘 불만스런 얼굴로 투덜거렸다. 저녁을 먹을 때도 갑자기 큰소리로 "올바르게 살자."하고 주먹으로 식탁을 쳐 식구들을 놀라게 했다. 그럴 때마다 나는 지금의 투지와 정의감을 졸업 후 학문으로 성취하라고 타일렀다.

어둡고 우울했던 회색빛 캠퍼스가 흑백 영화의 낡은 필름처럼 떠오른다. 무장 사복 경찰관에 끌려가는 친구들을 보고 격분한 학생들과 전투 경찰관들과의 싸움, 최루탄을 쏘고 곤봉을 휘두르며 달려드는 긴박한 상황에서 학생들이 돌과 화염병을 움켜쥔 것은 조건 반사적이었다. 반항, 투신, 분신, 정의에 불타는 젊은 혈기를 그 누구도 잠재울 수 없었다.

연세대학교 앞길, 어지럽게 널린 벽돌 조각과 돌멩이, 화염병 조각, 최루탄 탄피 속을 코를 막고 눈물 흘리며 지나가던 나는 아들을 생각했다. 이 소요 속에서 제대로 공부가 됐을까. 교문 옆 담 아래 주저앉아 아들 이름을 부르며 통곡하는 어떤 어머니를 붙들고 나도 함께 실컷 울었다. 어머니들은 누구나 기억할 것이다. 돌을 던졌건 구경만 했건 도서관에 앉아 아예 외면했건, 그들은 과격한 시위문화의 기억에서 아무도 자유로울 수가 없었다는 것을.

그 무렵이었다. 사복형사가 작은아들 뒤를 그림자처럼 따라다니며 거동을 살핀 것은. 운동권 핵심인 과 친구와 구로구청 방화 주동인 단짝 친구의 행방을 찾기 위함이었다. 그때 박종철 고문 치사사건이 터져 술렁이고 있었기 때문에 나는 초긴장이 되어 마음을 놓을 수가 없었다. 모자를 눌러쓰고 변장한 형사를 만나려고 혈안이 된 나는 어느 으슥한 밤, 딱 마주쳐 아들 행동을 밝혔다.

그 후로 아들은 말수가 적어지고 방에 틀어박혀 책읽기와 컴퓨터에 매달렸다. 그리고 빵과 오렌지 주스를 사들고 구속된 친구를 찾아 위로하고 망월동 묘지를 참배하러 전라도 광주를 다녀 오기도 했다. 불안과 초조한 나날이 이어지는 가운데 아들들 앞에 큰 시련이 닥쳤다. 큰아들이 사법 고시에 고배를 마셨고 작은아들은 학사 징계를 받은 것이다.

이 충격으로 실의에 빠졌지만 나는 두 아들의 실추를 사회불안의 원인으로 돌렸다. 진정한 가능성은 반드시 전화되어 현실이 될 수 있다고 믿었기에 위로와 격려로 두 아들을 감싸주었다. 힘을 얻은 아들들도 이를 악물고 이 역경을 재기의 밑거름으로 삼아 이겨낼 수 있었다. 그래서 드디어 목표한 과정을 이룩하고야 말았다.

딸은 국문과로 전과하여 석사 과정을 이수하고 박사논문 〈채만식 소설의 언설구조연구〉로 문예 창작의 길에 들어섰다. 사법연수원을 마친 큰아들은 석사논문 〈미국증권거래위원회 조사권한〉에 대한 논문으로 대학원을 마치고, 미국 하버드 로스쿨에서 국제변호사의 꿈을 이루었다. 작은아들은 산동네 체험을 바탕으로 작성한 석사논문 〈도시빈민의 주택문제에 관한 일 연구〉에 이어서 박사논문 〈수도권산업구조변화〉로 학업을 마치고 계속 ≪집의 경제학≫, ≪도시와 공동체≫ 등 연구서적을 펴냈다.

두 아들은 군복무를 마친 후 서로가 적성에 맞는 일을 찾아 나섰다. 각각 법률사무소 지적 재산권 변호사와, 대학교 사회학과 교수로. 지난 1980년대, 아들의 열정과 희망이 물거품으로 끝나지 않았음이 대견스럽고 그 시대가 아들들을 강하게 키워 오늘의 한국을 움직이는 일꾼으로 만들어주어 감사를 드리고 싶다. 또 내가 강한 어머니로 살던 그 시절의 응답은 눈가에 깊이 골이 진 주름이 훈장처럼 남은 것이라 할까.

(2016. 4. 10.)

어느 날의 새벽시간

요즈음 나이 탓인지 사소한 일에도 신경이 곤두선다. 그런 날은 밤잠을 설치기 일쑤다. 이상한 꿈에 시달리다가 부스스 일어난 새벽, 현관문을 여니 밖은 아직 어두운 밤중이다. 상쾌한 공기를 마시니 잠이 싹 가시고 정신이 맑아져 벌써 배달된 신문과 우유를 들고 들어왔다.

새벽 4시. 다 곤히 잠든 어둠 속을 뛰며 집집마다에 이렇게 사랑을 나누어 주는 사람들에게 고마움을 느꼈다. 이들은 자기에게 주어진 시간을 한껏 누리는 충실한 사람들이라고 여겼다. 남들이 잠자고 있을 때 깨어 일하는 사람들은 그만큼 많은 시간을 살고 있는 것이 아닐까. 오늘 아침 나는 이들에게 뒤져서는 안 되겠다고 부지런히 세수를 하고 컴퓨터 앞에 앉았다.

하루 24시간은 누구에게나 똑같이 주어진 시간이다. 이 시간을 어떻게 활용하는가에 따라 각자의 삶의 가치는 좌우되고 사람에 따라 길기도 하고 짧기도 하리라. 항상 바쁘게 일에 쫓기는 사람은 하루가 너무 짧을 것이고, 할 일 없어 멍하니 허공을 맴도는 무료한 사람에게는 더 없이 긴 시간일 것이다.

시간의 속성은 흘러가는 것. 일하고 쉬고 잠 잘 때, 시간은 사정없이 흘러간다. 과거에서 현재를 통하여 미래로 흘러가는 이 시간. 그러나 이 무한히 연속되는 시간의 흐름을 육안으로 볼 수 없다. 시간은 사물의 존재가 아니고 생성(生成)에 관한 것이기 때문에 머리로 생각하고 이해할 수 있는 것도 아니다. 시간은 있는 것이 아니라 다만 우리들의 경험의 의미로 말하여지는 것이다.

우리는 평생을 살면서 '시간이 흘러가는' 그 방법에 대해서 어떠한 이미지를 갖고 있는 것일까. 일상의 경험에서 보면 같은 시간일지라도 상황에 따라 다르게 느낄 때가 있다. 찬바람 부는 한겨울, 길가에서 버스를 기다리는 30분은 3시간처럼 길고, 봄날에 애인과 꽃길을 걸으며 사랑을 속삭이는 30분은 순간이었음을 누구나 경험했을 것이다. 지루할 때는 시간이 정지한 것 같고 무엇인가 열중하고 있을 때는 시간이 쏜살 같이 빠르다는 것을.

지금 내가 처한 새벽 시간은 현재의 중심에 놓여있음을 뜻한다. 현재의 순간이 과거로 소멸하고 미래였던 순간이 현재가 되는 일정한 방향으로 흐르는 시간. 이 방향을 역전하여 과거를 현재에 잡아끌 수는 없다. 과거의 시간이 고통이요 기쁨일지라도 기억에 남거나 잊어버렸다 해도 그것은 확정되어버린 시간이며 후회해도 소용없는 시간이다. 그래서 과거를 허송생활 했다고 깨달았을 때 이미 때는 늦어 통한만이 남는다.

이렇게 현재의 시간은 흘러 자꾸 과거의 시간 속에 축적되면서 변경할 수 없는 기록을 남기며 우리를 밀어낸다. 그러면서 시간은 물체를 변화시키고 새로운 사태를 생성한다. 자연은 4계절의 변화로 변모해가고 인생은 탄생과 함께 소년, 청년, 장년, 노년기를 거쳐 스러져간다. 그러나 우리는 흘러가버린 시간을 후회할 시간이 없다. 사과나무를 심을 내일이 있기 때문에.

그것은 과거에 못다 한 꿈을 미래의 희망사항으로 두고 주어진 시간을 황금처럼 아껴 쓸 때 가능해지는 것이 아닐까. 그러나 시간의 경과는 우리 생각대로 되는 것은 아니다. 내일의 계획도 그대로 이루어진다고 볼 수 없다. 이렇게 계획이 빗나가고 무의미하게 시간이 흘러가버렸다 해도 나만은 시간의 변화를 입고 남아 있는 것이다. 시간은 영원에서 영원으로 이르는 무한의 깊이를 갖고 있기 때문이다.

그동안 나는 주어진 시간 속에서 어떻게 살아왔는가 돌아본다. 살림 틈틈이 수필쓰기와 붓글씨 쓰기에 심취한 나날들, 내 꿈을 실현하기 위해 오직 매달렸던 시간들이었다. 겨우 5프로 정도의 재능에 95프로의 노력을 쏟아야 했기 때문에 남보다 많은 시간이 필요해 밤을 새기도 했다.

지금 내 서재 책꽂이에 꽂힌 많은 수필집들 그리고 벽에 가득 걸린 서화 작품들, 그 많은 시간에 몰입하여 창작한 생명체들을 바라보기만 해도 배부른 나만의 소유물이 눈물겹다.

조물주가 처음 사람을 창조하실 때 노동을 인류에게 축복으로 주셨음을 상기했다. 우리 행복은 두 손을 묶어 두지 않고 사명을 다하여 쉼 없이 움직일 때만이 찾을 수 있는 것을. 주어진 시간에 충실하게 일하는 정신이야말로 능력과 지혜와 건강도 아울러 길러짐을 알았다. 놀며 먹고 쉬는 것보다 고통과 피곤함이 따르지만 주어진 시간에 자기 일에 전력투구하는 것은 오히려 내일을 위한 향상의 원천이 되며 많은 유혹에 대한 강한 방벽이 되는 것이다.

"녹슬어 없어지기보다 닳아서 없어지는 것이 더 낫다."라고 한 미국 어느 종교지도자의 말이 떠올랐다. 무의미하게 시간을 허비하는 불행은 머리도 마음도 몸도 녹이 슬고, 쉬지 않고 일하며 시간을 활용하는 행복은 스스로 닳아서 없어지는 과정이라고. 나는 오늘 새벽 시간에 녹슬지 않고 닳아서 없어지기를 바라며 컴퓨터 앞을 떠나지 않고 수필쓰기에 매달렸다.

(2014. 11.)

자작나무 숲에서 띄우는 편지

언제던가요. 그림공부를 하는 몇 사람이 지도 교수를 따라 함께 강원도 양구군 양구읍에 있는 박수근 미술관을 찾았습니다.

곤궁한 시절에 힘겹게 살았던 서민화가. 과감한 생략과 단순한 구도, 투박한 질감을 통해 우리 정서를 잘 표현한 박수근 화백의 독특한 그림을 감상하니 마음이 차분히 가라앉는군요.

자신의 그림에서 인간의 선함과 진실함을 표현코자 했던 화가는 밀레처럼 진솔하고 선량한 시선으로 우리 시대 한국 미술계의 독자적인 존재로 자리하고 있다는 평을 받고 있는 화가이지요. 가장 행복했던 시절, 아기를 안고 있는 부인과의 젊은 시절의 화가의 온화한 풍모는 한 폭의 그림 속에 들어나 있었습니다. 또 〈아기를 업은 단발머리 소녀〉, 〈나무 아래 광주리를 이고 가는 아낙네〉 등 명작들을 감상하고 깊은 감명에 젖어 밖으로 나왔습니다.

주위 자연풍경도 한 폭의 수채화처럼 운치가 있어 매료되는군요. 고무신 신고 철퍼덕 앉아 편안한 표정의 화가의 조각상이 어쩌면 그렇게도 다정하게 다가오는지요. 이야기를 걸어오는 것 같았습니다. 조심스럽게 그 옆을 지나 발이 가는 대로 걷다보니 뒤뜰에 있는 빨래터가 나오는군요. 그러자 눈앞에 펼쳐진 자작나무 숲에 이르러 그만 가슴 설레고 말았지요.

바람이 부네요. 나무 잎들이 많이 흔들립니다. 노랗게 퇴색한 잎새들이 살랑대며 밀어를 나누는 자작나무 숲에서 지금도 일 속에 파묻혀 있는 당신을 염려합니다. 코끝에 머무는 상쾌한 공기를 들이마시면서 하나 둘 떨어지는 낙엽을 밟으니 함께 걷고 싶군요. 죽죽 뻗은 흰 나무줄기가 은박지를 두른 것 같이 반짝이는 신선한 흰색 기운이 신비스러워 동심으로 돌아가 한참을 상념에 빠져 걸었습니다.

난생처음, 자작나무를 보고 매료된 것은 서화 전시를 열기 위해 갔던 러시아 푸시킨 시 공원에서였지요. 백야처럼 뽀얀 속살, 구름이 내려와 하얀 꿈을 꾸는 키 큰 나무가 마치 정겨운 사람처럼 서서 멀리 남쪽에서 온 나그네를 다정하게 맞아주었지요. 이 나무로 하여 낯선 북국이 고향처럼 푸근하게 느끼게 했습니다.

그 후, 이 나무를 우리나라 강원도 용평 스키장으로 가는 가로수 길에서 보았을 때 얼마나 반가웠는지요. 그런데 지금 여기서 숲을 이루고 있는 장관도 보네요. 서울에서 보지 못한 나무들을 겨울 내내 흰 눈이 쌓이는 추운 지방인 강원도에는 여러 군데가 있는 것을 알았습니다.

이 나무는 횡성, 태백, 정선 등 강원도 산간 지방에 자생한다는데, 으뜸은 인제읍 원대리(院垈里) 산에 있는 자작나무 명품 숲이라 하네요. 무려 40만 평에 69만 그루의 나무가 20미터 장신을 드러내고 있는 가관의 자작나무 군락지는, 국내 최대 규모를 자랑하는 자연 휴양림으로 항상 휴가 나온 관광객들 발걸음이 끊이지 않는답니다.

이렇게 사람들을 끌어당기는 나무의 힘은 무엇일까요. 상처 난 흰 몸 애처로워 사랑하고 싶은 나무, 그 늘씬하고 가냘픈 몸매로 눈 덮인 혹한을 견디는 강인한 생명력의 합주곡(合奏曲)이 울리는 숲, 그 속에서 발산되는 기운은 눈에 보이지 않아도 그냥 바라보는 것만으로도 심신이 치유되는 묘약이 아닐까 싶군요.

실제로 이 나무 수액은 항암효과에다 감기와 치매 예방효과까지 있다고 하네요. 목질이 부드러워 온갖 공예 작품의 재료가 되고, 겨울에는 뿌리에서 수액을 몽땅 내뿜고 봄에 다시 땅의 수분을 빨아들인다는 신기한 나무. 이러한 신비함에 많은 사람들이 매료되는가 봅니다. 지금 이렇게 이 나무 곁에 서서 함께 숨 쉬는 것만으로 기운이 솟는 것 같습니다.

수많은 나무들이 사이좋게 한데 어울려 이루는 숲은 얼마나 신비스럽고 자유로운지요. 나무 하나하나가 내뿜는 그 기운을 가슴에 품고 돌아오는 길, 맑게 갠 머리로 꿈을 꿉니다. 흰 눈 폭폭 쌓이는 겨울, 우리 함께 손잡고 원대리 자작나무 숲 속을 거니는 꿈을. 우리의 건강도 회복되고 마음까지도 새하얗게 되어 미소 띤 얼굴을 마주보면 얼마나 즐거울까요.

초미세먼지로 뿌연 도시의 회색 하늘, 도로를 꽉 메운 자동차들이 내뿜는 배기가스, 스모그와 황사로 오염된 공기 속에서 일에 파묻혀 찌든 생활을 하는 도시사람들이 휴식하면서 한숨 돌리고 싶은 곳. 휴가를 얻으면 제일 먼저 찾는 곳이 원대리 자작나무 숲으로 많은 사람들이 붐비는 곳이라 하네요.

우리 삶에 휴식은 보약이지요. 아무리 일에 쫓겨 바빠도 건강이 제일이니 이번 겨울에는 꼭 휴가를 내어 자작나무 숲에서 며칠 쉬기로 합시다. 고갈된 마음의 우물을 생수로 채우고 내일을 향한 재충전의 시간을 갖기로 해요. 그 무엇하고도 바꿀 수 없는 건강을 위해서는 이보다 더한 묘약이 없을 것입니다.

(2015. 9. 3.)

자작나무로 서다

눈 덮인 설원에 수직으로 서서 하늘 우러르는 자작나무. 흰 구름 수피(樹皮)에 내려와 하얀 꿈을 꾸는가. 온몸 부스럼처럼 벗겨진 상처 애처로워 사랑하고만 싶은 나무. 내 가슴 열고 자꾸만 하고 싶은 말, "사랑한다. 그래 사랑한다."는 말은 얼마나 좋은가.

어렴풋이 상상으로만 그리던 자작나무를 실제로 본 것은 10년 전 가을, 러시아 푸시킨 시에서였다. 18세기 러시아 모습이 그대로 남아있어 푸시킨의 영혼이 잠든 듯 신비스런 마을, 선교사로 있는 동생 초청으로 성구 전시를 열기 위해 갔을 때, 동생이 살고 있는 아파트 앞 녹지에 무리지어 서 있는 자작나무들에 사로잡히고 말았다.

무슨 인연일까. 나무를 보는 순간 가슴 언저리가 아려온 것은. 오랫동안 투병생활을 이기고 있는 남편 모습이 나무 위에 겹쳐졌기 때문이다. 이역만리 낯선 하늘 아래 하얀 얼굴로 서 있는 자작나무를 보자 내 아픈 마음 달래며 일체가 되고 싶은 바람이 일어난 것이다. 우리가 누군가를 사랑한다는 것은 자신을 그와 동일시하는 것이 아니겠는가.

나는 매일 아침, 이름 모를 새들이 날아드는 숲 속에서 크게 심호흡 하며 하루를 열었다. 숲 속에 내려앉은 가을빛이 오묘하게 무늬지는 곳. 우러르면 갈색으로 빛바랜 나무 잎새 사이 파란 하늘에 위안을 받으며 순백의 나무껍질에 사랑의 편지를 쓰곤 했다. 그렇게 자작나무와 속삭이며 나날을 보내면서 초대된 서화 전시에 최선을 다하는 것이 사랑의 보답이라 여겼다.

러시아인들은 이 나무 아래 태어나 살다가 묻힌다고. 이 나무는 동토 러시아 민목(民木)으로 겨울에는 뿌리에서 수액을 몽땅 내뿜고 봄에 다시 땅의 수분을 빨아들인다는 신기한 나무였다. 목질이 부드러워 모든 공예품 재료로 쓰이고 있어 자작나무로 만든 필통과 인형 등을 사가지고 귀국했다.

우리나라 강원도 산간지방에도 자작나무 숲이 있다. 인제읍 원대리 자작나무 숲은 눈부신 가관이고 양구 박수근 미술관 뒤 자작나무 숲도 매혹의 극치이다. 횡성 미술관 뜰 자작나무는 운치 그윽하고 용평 스키장으로 가는 자작나무 가로수 길은 뒤돌아보고 싶은 북국 풍광이다. 그리고 대관령 송

운산방 뜰에도 자작나무가 무리지어 가슴 설레게 했다.

흰 눈 쏟아져 폭폭 쌓이는 겨울. 온통 눈세계 속에 파묻혀서 사방을 바라보면 자작나무와 사람과의 절묘한 만남이 가슴 울리며 눈시울을 적셔준다. 아무 곳에서도 마음 붙이지 못한 외로움을 산방에 이르러 비로소 위로 받는 시간. 함께 가슴 아파해 줄 나무가 앞뒤마당에 우뚝 서서 지붕을 쓸어대는 손길에 기운을 얻어 숨 쉴 수 있었다.

은은한 달빛으로 자작나무가 더욱 새하얗게 어리는 밤, 밤새도록 앓은 가슴 열고 호소하면 그 흰 살갗 속 파인 슬픔 뼛속까지 스며들어, 행여 피눈물 비질까 흰 수피 두르고 철야기도 드리는 나무와 일체가 된다. 그동안 둘이서 만든 아름다운 행복에 잠겼던 나날들이 그리움으로 남아 가슴 우벼 파면 이제는 혼자 남은 슬픔까지도 나누고 싶어 나무에 매달린다.

대관령의 겨울은 길다. 4월이 저물어야 자작나무가 눈을 털고 잎이 피는 계절이 오면 나는 그 주위를 맴돌며 사색에 잠긴다. 가장자리에 톱니가 있는 삼각형 잎은 끝이 뾰쪽하고, 꽃은 5월에 접어들어 암꽃이 피며 같은 시기 같은 그루에 수꽃이 피는 쌍떡잎 식물임을 관찰하면 흥미롭다. 어디선가 새들이 지저귀고 나무 아래 흐드러진 철쭉꽃 언저리에 나비가 날아들어 춤추며 내 흥을 돋우어 주고 있다.

신록 눈부시는 계절, 훈풍에 나부끼는 연초록 잎새 사이에 피는 암꽃은 위를 바라보는데 수꽃은 아래로 늘어져 있는 모양이 신기했다. 꽃이라기보다 열매같이 기다랗게 고동빛으로 무늬진 10센티 가량이 둘씩 셋씩 사이좋게 이삭처럼 늘어져 하늘거린다. 마치 기다리다 지친 모습 같아 꽃말을 떠올리게 하자 시나브로 내 가슴에 파문이 인다.

"당신을 기다립니다." 자작나무 꽃말에 빠져들면 왜 그리 가슴 뭉클해지는지 모른다. 우리네 인생도 기다림으로 시작해서 기다림으로 끝나는 것을. 기다림이 있다는 것은 꿈이 있다는 것이고 희망이 넘치는 삶을 말함이라. 그동안 나는 기다림의 인내와 지혜를 터득하면서 근심 걱정하지 않고 믿음으로 기다리는 은혜 받는 삶을 지향했다.

나는 누구를 또 무엇을 기다리며 살았을까. 기다린다는 것은 바싹바싹 목이 타는 시간을 견뎌내는 일이다. 마치 용광로 속에서 녹아 탈바꿈하듯 고행의 늪을 넘어야 할 피 마르는 시간이다. 나는 진정 믿음으로 기다림을 통해 복된 열매를 거둘 수 있는 삶을 살았을까. 내가 평생 기다린 것은 동반자와 둘이서 손잡고 내가 끊임없이 지향하는 예술세계의 금자탑에 오르는 일이 아니던가.

이때 불현듯 기다림의 세월 속에 나도 한 그루 나무 되어 하늘 향해 가슴속 이야기를 털어놓고 싶어졌다. 아무에게도 말 못할 아니 말해도 알아듣지 못할 나만의 이야기, 자꾸만 퍼내어도 고이는 샘물처럼 마음 심연에서 솟아나는 생수 같은 이야기를. 영혼의 나무 한 그루 언제부터인가 내 가슴 한 복판에 터를 잡아 자라고 있었던 것을.

기다림에 지쳐 하늘로만 오르고 싶어 가늘고 깡마른 나무. 밝은 햇빛 속 눈부신 은빛 나무줄기는 상처를 이겨내고도 얼마나 의젓한가. 어느 누구의 가슴엔들 상처가 없으랴. 상처가 있기에 더욱 굳건하고 해말쑥한 모습 드러내고 있는 자작나무처럼 나도 저 높은 곳을 향하여 하늘 높이 뻗어 흰 구름과 만나리라.

5월은 내가 태어난 달이다. 이 달이 저무는 27일 내 생일을 기념하여 '松雲山房'이라 쓴 내 휘호가 걸린 대문 안에 자작나무 세 그루를 심었다. 어디서 와서 나와 인연이 되었는가. 사랑의 나무여. 그 인연을 소중하게 여겨 자작나무로 선 나는 마음껏 하늘 향해 새 꿈을 꿀 것이다.

(2014. 5. 27. 생일에)

손녀와 함께 한강을

올해, X마스 전야에는 하늘이 잔뜩 흐리더니 다음날 눈이 내렸다. 오후부터 떡가루 같은 세설이 내리는 둥 마는 둥 했는데 아침 일어나 보니 온 누리가 새하얀 별천지가 아닌가. 창밖으로 눈 덮인 한강을 내려다보고 있는 등 뒤에서 "와, 눈이다. 어제 내렸으면 화이트 크리스마스인데!" 하고 손녀가 손뼉 치며 좋아하고 있다.

"할머니, 한강공원 산책 갈까요?" 어떻게 내 마음을 헤아렸을까. 벌써 대학생이 되어 나보다 키가 큰 손녀가 털모자에 귀가리개까지 해주며 나를 부축하고 나섰다. 차가운 강바람이 쌩쌩 불어오는 강변 눈길을 한 걸음 한 걸음 거북이처럼 엉금엉금 걸어갔다.

압구정 나들목 한강 공원으로 향한다. 강변에 이르니 불어

오는 칼바람에 몸을 움츠린다. 오른쪽으로 영동대교가 왼쪽으로 성수대교가 멀리 보이는 중간 지점의 한강. 크고 작은 삼각, 사각, 장방형 등 모양의 얼음 조각이 둥둥 떠 있는 강은 마치 유리 조각을 모자이크 해놓은 예술 작품 같다. 이 땅에 9년 만에 한파가 몰아닥쳐 평년보다 보름이나 빠른 한강 첫 결빙(結氷)은 내가 난생처음 대하는 장관이다.

강 건너 멀리 워커힐 아파트 건물이 아른거리고 흰 눈이 수놓은 수묵화 같은 강변길은 마치 흰 옥양목 띠를 풀어놓은 듯 길게 뻗어 있어 끝이 보이지 않는다. 환상적인 은세계로 변신한 한강 설경이 이채로워 가벼운 흥분 속에 회상에 잠긴다. 순백의 눈이 가져다주는 상큼한 겨울 향기 속에 잊을 수 없는 아련한 기억들.

흰 눈이 내리면 하늘에서 온 편지인 양 두 손으로 받으며 가슴 설레던 20대, 비원과 창경궁의 설경은 일품이었다. 원남동에 살았던 나는 눈이 내리는 날이면 곧잘 고궁 뜰을 거닐었다. 그러다가 만나 인연이 된 동반자, 티 없이 순수한 흰 눈을 밟으면 우리도 순수한 투명 인간이 되었다. 겸손과 배려의 미덕, 자기 언행에 책임지는 뚜렷한 주관 등, 오직 거짓 없는 진실만으로 우리는 흰 눈밭에서 서로의 마음이 하나 됨을 확인했던 것이다.

무속신앙에 젖은 시부모님 밑에서 얼떨떨하게 보낸 신혼 시절은 내 삶의 전환기였다. 저 한강 밑에 용궁으로 가는 길이 있다고 믿는 시아버님께서 어느 날 조밥 봉지를 건네주시며 한강을 다녀오라고 하시는 게 아닌가. 용띠인 남편의 행운을 빌며 조밥을 용왕님께 바쳐야 한다고 하시며 꽁꽁 언 손으로 얼음을 깨고 강물에 조밥을 띄웠던 일이 어제만 같다.

시부모님과 남편에 순종했던 삶. 그래서 우리 집안에 늘 행운이 따랐는지 모른다. 미끄러워 넘어질까봐 옆에서 나를 부축하고 있는 손녀를 바라보며 오늘날까지 참고 살아온 것이 참으로 대견하여 흐뭇한 마음이다. 하늘이 주신 선물인 3남매와 손자와 손녀 다섯이 건강하게 자라서 각자 맡은바 일에 열심히 임하고 있으니 그 이상 무엇을 바라겠는가.

지상으로 올라가는 지하도 벽면에는 색채가 현란한 벽화가 그려져있어 동심으로 돌아간다. 매사에 적극적이고 쾌활한 손녀가 "할머니 잠깐만." 하고 앞서가는 나를 불러 세웠다. 색채가 아름다운 그림 앞에서 포즈를 취하게 하고 손녀가 연신 셔터를 눌렀다. 우리는 다정히 손잡고 나들목을 올라가 아파트 입구까지 눈 덮인 길을 걸었다.

이 동네 옛 이름은 '옥돌마을'이라고. 한강물이 옥돌같이 맑아 선사시대부터 유명하여 촌락이 이루어졌던 곳이라고 아파트 입구 오석에 새겨진 표지 글이 있다. 옛날에 비가 많이 오면 한강 지류가 선릉 지대까지 흘러갔다고 한다. 그런데 지금은 이 일대가 질서 정연하게 한양 아파트촌을 이루고 있다.

오늘의 서울을 발전시킨 밑거름인 한강의 기적. 태백산맥에서 발원하여 강원도, 충청북도, 경기도를 지나 서울을 거쳐 경기만으로 흘러드는 한강물, 한반도 중부를 가로지르는 가장 넓은 유역 면적의 시원한 강을 내려다보는 행운에 감사한다.

영국에 유학 중인 손녀가 겨울방학에 집에 돌아오면 꼭 나를 불러 함께 며칠을 지내며 한강 산책을 한다. 그리고 미술 숙제도 하며 먹을 갈아 붓글씨도 쓴다. 유치원 시절 붓글씨를 가르쳐 주면 곧잘 따라 배웠던 손녀. 그래서 내 고희기념 서예전에 '大韓民國'이란 작품으로 찬조 출품까지 해서 많은 사람의 칭찬을 받았다.

그리고 책읽기를 좋아해서 항상 손에 책을 들고 있는 손녀는 내 수필집이 나올 때마다 읽어주는 애독자이기도 하다. 매사에 적극적이어서 공부뿐 아니라 운동도 잘하는 손녀가 귀엽고 학교 대표 라크로드 선수로 활약하고 있어 자랑스럽다.

밤늦도록 미술 숙제하느라 골몰하고 있는 손녀를 바라보면 흐뭇한 마음이 된다. 대나무처럼 곧게 자라서 대학 전공 분야에서 꿈을 마음껏 펴고 살기를 기도하며 잠을 청했다.

(2008. 12.)

어떤 외도(外道)

여자 운전자가 드물었던 1980년대 초, 운전 면허증을 따야겠다고 자동차 학원에 등록하려는데 죽음을 자초하는 일이라고 남편이 완강히 반대했다. 지금까지 남편 뜻을 거역한 일이 없는데 이번만큼은 내 뜻대로 하고 싶어 남편 눈을 피해가며 시험 준비를 했다.

내 고집을 꺾지 못한 남편 기세가 조금 누그러져 면허시험 보러 가는 데 동행해주었다. 아파트 건설이 한창인 상계동에 자리한 시험장, 20대 청년들 틈에 끼어 과감하게 치른 필기시험은 보기 좋게 낙방, 두 번 고배를 마신 후, 주행시험에는 단번에 합격, 면허증을 따고 의기양양 귀가했다.

살림하랴, 강의하랴, 수필과 붓글씨 쓰랴. 잠시도 눈 코 뜰 새 없었던 50대는 내 인생 전성기였다. 집에서 차를 몰고 나와 모교에서 강의를 마치고 달려온 인사동 서실에서 먹을 갈면서 행복감에 젖었던 시절.

내 차는 소형 현대자동차 '프레스토'. 서화전시가 열리는 날에는 트렁크에 서예작품을 싣고 예술의 전당으로 운반, 전시회에 참석했다. 또 출간된 수필집을 옆 좌석에 놓고 우체국에 가서 부치고 여러 군데를 돌며 증정했다. 그리고 동대문 나무시장에서 묘목들을 사다가 정원을 꾸몄고 경동 시장에서 신선한 채소, 과일 생선 등을 사서 식구들 구미를 돋우었다.

시어머님은 장하다고 칭찬하시는데 남편은 곱지 않은 눈으로 바라보았다. 항상 운전 조심하라고 주의를 주며 여자는 그저 조용히 집에서 살림이나 하는 것이 부덕이라고 입버릇처럼 말했다. 이따금 함께 드라이브하자고 권해도 내가 운전하는 차는 죽어도 타지 않겠다고 거부하는 게 아닌가.

그런데 내일 일을 누가 알랴. 남편은 어쩔 수 없이 내 차를 타게 된 것이다. 아니 탈 수밖에 없게 되었다. 갑자기 직장에서 과로로 쓰러져 병원에 입원, 치료를 받게 된 남편은 퇴원 후에도 계속 통원 치료를 받아야 했다. 졸지에 트렁크에 휠체어를 싣고 남편을 태우고 병원치료를 받는 생활로 내가 남편의 운전기사가 되어버린 것이다.

이런 날이 올 것이라는 선견지명으로 나는 기를 쓰고 운전을 배웠던가. 아니 그렇게 완강한 반대를 무릅쓰고 배웠기 때문에 이런 날에 대비할 수 있었는지 모른다. 준비하고 사는 인생, 나는 철저하게 무엇인가 신나고 새로움을 갈망하는 본능으로 배운 운전의 덫에 걸린 격이 되어버린 것이다. 그러나 나는 현실에 충실했다.

이렇게 부부만의 드라이브 시간을 갖는 것도 잠깐, 급기야 지병인 당뇨병이 악화 된 남편은 신장병으로 입원 생활을 하게 되었다. 병원 음식이 입에 맞지 않아 외면하는 남편의 입맛을 돋우기 위해 밤새 좋아하는 음식을 만들어 차에 싣고 나르는 일이 일과가 되어버렸다.

아침 6시, 나는 음식을 옆자리에 싣고 운전대에 앉아 마포대교에서 강남 삼성병원을 향해 강변도로를 달렸다. 무려 열 개의 다리를 뒤로 청담대교에 이르면 막 떠오르는 태양빛이 강물에 어리어 차창에 반사, 눈부시는 황홀경에 사로잡히고 만다. 병원이 지척에 있음을 알려주는 신호여서 속도를 늦추었다.

나를 반기며 준비한 음식을 맛있게 먹는 남편을 바라보는 마음이 왜 이리 아릴까. 내 간병이 부족한지 병세는 더 기울고 혈액투석까지 하게 되어 가슴 아픈 나는 잠시도 남편 곁을 떠날 수가 없었다. 저녁이 되어 간병인과 교대하고 돌아가는 밤, 불빛 어지러운 고속터미널 부근에서 헤매기를 한 시간. 잘 돌아갔느냐는 남편 손전화 목소리에 지금 집에서 쉬고 있다고 하며 소리 없이 울었다.

내가 왜 겁도 없이 차를 몰고 다니기를 자청했던가. 내가 운전을 배우지 않았더라면 남편은 병들지 않았는지 모른다는 생각이 들었다. 연일 간병에 지친 날, 몸에 밴 알코올 냄새를 털어버리려고 고속도로를 달리다가 핸들을 꺾었다.

나는 강변도로를 지나 판교 쪽 101번 국도에서 과감하게 중부고속도로로 진입, 계속 달려 야산 밑에 누워있는 보원요(寶元窯)에 도착했다. 졸졸졸 뒷산 정기를 타고 내려오는 샘물소리에 발을 멈추고 물씬 풍기는 흙 내음과 맑은 대기 속에 심호흡하며 몸에 밴 병원 공기를 털어냈다.

바로 작업실에 들어가 앞치마 두르고 소지를 나무방망이로 두들겨서 반반하게 폈다. 삐죽삐죽 불거진 마음속 오욕도 함께 내려쳤다. 그리고 손바닥으로 치면서 쟁반같이 넓적하게 펴 접시 만들기에 들어갔다. 가슴속 응어리를 풀다가 종국에는 기도하는 마음이 되어 흙으로 범벅이 된 손을 바라보며 흙 내음 속에 흙처럼 살고 싶은 염원이 일었다.

돌아가는 길, 밭에서 뽑은 싱싱한 배추, 무, 상추를 싣고 비 내리는 고속도로를 달려 곧장 병원까지 왔다. 남편과 마주앉아 저녁상에 올려놓은 산지 직송의 무공해 채소로 쌈을 먹으니 병실이 온통 흙 밭이다. 남편은 몰라보게 밝아진 표정으로 의미 있는 미소를 짓고 있지 않는가.

다음에 함께 곤지암 맑은 공기를 마시러 가기로 했다. 그렇게 미워하던 연적인 승용차를 타고 가면서 내 외도를 눈감아주리라.

(2007. 6.)

봄편지

— 외손녀, 외손자에게

꽃샘바람이 쌀살한 2월 25일, 딸 승용차로 동대문 밖으로 나가 신설동 로터리를 지나 한참 더 가서 성북구 안암동에 자리한 고려대학교 앞에 도착했다.

오늘이 외손자 진광용의 경영학과 졸업식 날이다. 대문을 들어서니 꽃다발을 든 가운 입은 졸업생과 학부모들이 벌써 기념촬영하느라 북적거리고 있어 졸업식 분위기를 조성하고 있었다.

사각모에 빨간 줄이 있는 검정 가운을 입은 당당한 손자 모습, 강단 위에서 총장이 주는 학사증을 받는 모습 보니 가슴 뭉클 뜨거워지며 나를 옛날로 밀어내는 게 아닌가. 내가 나이 들면서 더 소중한 존재임을 확인시켜준 사랑의 외손자. 나를 할머니라 부르며 따랐던 날들이 주마등처럼 스쳐간다.

광용아, 1987년 그 뜨겁던 버팔로의 여름, 네가 고고성을 울렸던 그날이 어제처럼 떠오르는구나. 그때 까다로운 수속을 마치고 서울을 떠나 도착했을 때 너는 이미 태어나서 축하의 꽃다발과 함께 집에 와 있었다. 하나님께서 주신 선물, 사랑의 손길로 목욕시키며 바라보면 얼마나 네 모습이 신비스러운지 몰랐다.

매일 너를 목욕시키고 미역국을 끓여놓고 세 살배기 누나 현서를 데리고 수영장에서 더위를 식혔지. 이렇게 한 달 동안 해산간호를 하고 귀국할 때 웅장한 나이아가라 폭포 위용에 압도되어 나를 놀라게 해준 관광길. 너는 강보 속에서 웃으며 초롱초롱 별처럼 반짝이는 두 눈으로 나를 쳐다보고 있었다.

얼마 후에 귀국한 너의 성장 모습을 지켜보게 된 것은 큰 축복이었다. 염리초등학교 운동회 날, 아침 일찍 찰밥을 짓고 전을 부쳐 푸짐하게 도시락을 싸들고 운동장 나무 그늘에 돗자리를 깔고 앉아 너희 남매를 찾았다. 푸르고 드높은 하늘 아래 넓은 운동장에는 학생들이 인어처럼 팔딱팔딱 뛰고 있었지.

수많은 고만고만한 아이들 가운데에서 너희들 모습을 찾는 일은 쉽지 않았다. 눈을 크게 뜨고 겨우 찾아낸 나는 노상 너희들 모습에서 눈을 떼지 않고 달리기에서 이길 때도 손바닥이 아프도록 박수를 치며 환성을 질렀지. 운동장 뿌연

흙먼지를 피우며 장애물 경기, 줄다리기 등에 안간힘을 쓰는 모습이 참으로 장했다.

누나 현서는 원삼 족두리를 쓰고 부채춤 추는 모습이 얼마나 예쁘고 황홀한지. 키가 커서 맨 앞줄에 있어 금방 눈에 띄었다. 가락에 맞추어 부채를 폈다 오므리고 뱅글뱅글 돌면서 추는 원무는 마치 땅 위에 만발한 모란꽃이 바람 따라 하늘거리듯 참으로 고왔다. 장애물 경기에서 넘어진 네가 다시 벌떡 일어나 1등으로 달리는 모습이 장하여 나는 연신 카메라를 들이대고 사진 찍기 바빴지.

사랑하는 현서야, 광용아.

현서는 공부도 잘하면서 피아노도 잘 치고 바이올린도 잘 켜서 학예회 때마다 연주해서 나는 꼭 참석하여 격려했지. 광용이는 독서광으로 ≪삼국지≫를 다 읽어 너무 신통해서 상으로 중국 고전 책을 시리즈로 사주었더니 단숨에 읽어 나를 놀라게 했다. 그러면서 운동도 좋아해 특히 농구를 즐겨서 키가 쑥쑥 자랐지.

고등학교에 올라가서는 대학 입시 준비 때문에 오직 공부에 열중하느라 자주 만나지 못했는데 현서는 서울여대 학부를 마치고 이화여대 대학원 경영과를 다니느라 바빴지. 졸업하던 날, 석사논문 〈스마트폰의 기능적, 감성적, 사회적 영향 요인이 지속적 사용가능성에 미치는 영향에 관한 연구〉로 영광의 졸업을 하고 '인포마스타' 회사에 일자리를 얻어 열심히 직장 생활을 하고 있으니 대견하구나.

광용이는 과감하게 미국시민권을 포기, 군대 생활을 마치고 대학 재학 중에 회계사 시험에 도전하는 용기가 가상했다. 한번 고배를 마셨지만 장애물 경기에서 넘어져도 다시 일어나 승리한 것처럼 다시 도전, 합격했으니 그 이상의 축복이 없구나.

온 누리에 따뜻한 햇빛 퍼지고 대지 위에 파릇파릇 새싹이 돋는 봄. 너희들은 지금 인생의 봄을 살고 있다. 어깨를 펴고 마음껏 대기를 들여 마시고 씩씩하게 사회생활을 영위해다오. 너희들 앞날은 창창하고 꿈을 무한대로 펼 수 있는 세상이 올 것이다.

옛날을 회상하는데 얼마나 시간이 흘렀는가. 정신을 차려보니 총장의 축사, 경영과 주임교수의 축사. 그리고 졸업생 답사가 끝나고 모두 일어서 돌아가고 있었다. 운동장으로 나온 우리는 육중한 건물을 배경으로 손자를 둘러싼 가족들이 기념사진을 찍고 정문을 빠져나왔다.

우리를 태운 차를 몰고 가는 딸 얼굴은 노상 싱글벙글, 나도 웃음이 사라지지 않는 얼굴로 외손녀 외손자를 자랑스럽게 바라보았다.

(2016. 2. 25.)

여름편지

— 딸에게

여름은 불꽃같은 열정이 솟구치는 계절이다. 작열하는 태양이 온 누리를 달구면 푸른 잎새들은 더욱 진초록으로 번득이고 오곡 백화는 속살 채우기 바쁘다. 이 여름을 참으로 위대하다고 말한 시인 릴케가 떠오르는구나. 그리고 바슐라르는 여름은 꽃다발의 계절이라고 했지.

> 여름은 하나의 꽃다발, 시들 줄 모르는 영원한 꽃다발이다. 왜냐하면 그것은 언제나 자기 상징의 청춘을 취하기 때문이다. 그것은 아주 새롭고 아주 신선한 봉헌물이다.
>
> — 몽상의 시학 20

그러나 여름은 불안한 색조가 스며있는 계절이기도 하다.

빛과 그림자처럼 상극된 폭염과 폭풍우가 서로 시샘하듯 변덕을 부린다. 숨 막히는 불볕더위가 이어지다가 벼락 천둥번개까지 뒤섞인 기습폭우가 삽시간에 땅 위를 휩쓸어버린다. 이러한 여름을 이겨내는 사람들은 천재지변을 슬기롭게 헤쳐 나가는 지혜를 얻으며 더 강해지는 것이다.

경(京)아.

생각하면 가슴 뭉클해지는 우리의 여름, 미국 버팔로의 그 뜨겁던 여름이 떠오르는구나. 섭씨 30도를 웃도는 더위가 기승을 부리던 8월 초순, 장장 16시간의 비행 끝에 다다른 이국 하늘은 눈부시는 비췻빛이었지. 낯선 하늘 아래 서서 내가 하루 늦게 와서 너 혼자 겪고 있는 진통을 생각하니 가슴팍이 조여드는 느낌이었다.

정묘년 토끼해에 건강한 아들을 낳은 너는 참으로 대견했다. 득남 축하의 꽃다발과 카드가 놓인 탁자 위에 쏟아져 내리던 한여름의 햇살은 하늘이 내리신 축복의 세례였다. 갓난애를 목욕시킬 때면 세 살 된 손녀도 끼어들어 왁자지껄했지. 장차 네게 큰 힘이 될 아들이 든든하기만 해서 머리를 감기던 나는 옛날이 떠올랐구나.

내가 어머니가 되던 날, 첫딸로 태어난 너와의 만남은 축복이었다. 너를 목욕시키고 젖을 물리면 거듭난 나를 발견했고 너로 하여 내 인생은 풍요롭고 활기찼으니까. 나를 근심케 하던 네 울음들, 강보(襁褓) 속의 네 재롱들을 담은 육아일기. 사랑의 선물인 〈아늑한 요람의 앨범〉을 여성지에 발표하면서 수필계에 진출했으니 네가 바로 내 수필인생의 문을 열어주었지.

이른 아침, 미역을 씻어 홍합을 넣고 국을 안쳐 밖으로 나오면 파란 잔디밭이 어찌 그리 시원한지. 저만치 우거진 숲에서 지저귀는 새 소리 들으며 맑은 대기를 들이마시면 미역국 냄새가 진하게 풍겨왔다. 우리네 미역국이 이렇게 향기롭다는 것을 처음 알았구나.

뽀얗게 우러난 미역국을 훌훌 마시고 밥 한 그릇 거뜬히 비우고 땀에 젖은 네 몸을 안마해주면서 "기운 내라. 부디 건강해야 한다."고 몇 번이나 되뇌었던가. 아들과 함께 곤히 잠든 사이 칭얼대는 손녀의 손을 잡고 수영장에 가 놀아주면서 어머니, 딸, 손녀로 이어지는 여자의 삶이 신비로웠다.

京아.

여자의 진정한 행복은 무엇일까. 네게만은 최상의 복된 삶을 안겨주고 싶었는데 그 삶은 어떤 것일까. 남매를 안고 귀국한 너에게 미루었던 박사 과정을 마치도록 한 것은 어미의 욕심이었을까. 두 아이 키우기도 바쁜 너는 나중으로 미루려는 뜻을 바꾸어 하면 된다는 신념으로 밀고 가는 끈기로 학문의 길에 매진했지.

〈채만식 소설의 언술 구조 연구〉의 논문 쓰기에 심혈을 기울인 네 노고가 헛되지 않아 획득한 박사학위. 그리고 용인, 인천, 청주 등으로 지방대학 강의를 맡아 종행무진으로 뛰고 다닌 네 삶을 지켜보며 젊은 힘은 바위라도 뚫을 수 있음을 알았구나. 문은 두드리는 자에게 열린다고 했다. 땀과 고뇌 없이 어찌 인생의 값진 향취를 얻을 수 있으랴.

京아.

지금도 생생하게 떠오르는구나. 네 교수 임용의 서류를 갖추고 너는 M전문대학으로 나는 군산 K학으로 각각 접수시키고 기다리며 마음 조였던 나날들이. 나는 새벽기도회에 나가 주님께 무릎 꿇고 간절히 간구하면 가슴 밑바닥에서 뜨거운 눈물이 마구 솟았다. 이 세상에 내가 어미로서 딸에게 해줄 수 있는 것이 무엇인가 하고 수없이 반문하면서.

잊을 수 없는 감격의 날, 네 전문대학 신임교수 임용 통보를 받고 용솟음치는 기쁨 속에 나는 먹을 갈아 붓을 들고 용비어천가 2장을 써내려갔다. 말로 다하지 못하는 사랑을 붓끝에 쏟으면서 〈불휘기픈 남간 바라매 아니뮐쇠〉 작품을 완성하고 네 이름 위에 소담(素潭)이라는 아호를 얹었다. 깊은 여울물 속처럼 질박하게 학문의 길을 가라는 어미의 간절한 소망으로.

위대한 여름. 시들 줄 모르는 영원한 꽃다발 같은 여름을 한껏 살고 있는 딸아! 사랑한다. 부디 건강하고 담대하게 앞으로의 삶을 개척하며 행복하게 살아다오.

(2000. 여름)

5. 사립문

초가집 위에 흰눈 쌓이고
사립문 사이 눈가루 흩날리면
두고 온 유년의 꿈은 얼룩이 지고
밤이 이슥하도록 잠 못 이룬다

수필 사립문 중에서 글 글씨 그림 고임순

사립문, 50×100cm, 1984

흰 눈 내리는 날이면 더욱 내 마음 설레이어 화선지를 앞에 놓고 붓을 든다. 초가집을 그리고 사립문을 그리노라면 내 마음에 걸린 막막한 하늘이 시나브로 걷힌다. 그 하늘에 내 텅빈 마음을 펼쳐본다. 무한한 공간 흰 눈 쏟아지는 무구의 하늘에 붓끝이 내 마음자락을 펄럭인다.

초가집 위에 흰 눈 쌓이고/ 사립문 사이 눈가루 흩날리면

두고온 유년의 꿈은 얼룩이지고/ 밤이 이슥하도록 잠 못 이룬다.

사루비아와 차돌멩이

봄이 오면 내 집 꽃밭에는 이름 모를 야생초 사이로 피튜니아가 환하게 고개를 쳐든다. 백합, 장미, 들국화가 핀 언저리에는 봉선화, 나팔꽃, 분꽃, 과꽃, 채송화, 사루비아 등 1년초들이 서로 시샘하듯 제 모습을 뽐낸다.

향기와 함께 신선한 기억을 되살려주는 1년초들, 1년은 너무 짧다고 빛과 형태로 활짝 생명을 불태우고 있는 꽃들에서 아름다움 이전의 활기 찬 기운을 느낀다. 유독 천진스런 채송화를 바라보고 있으면 귀여운 손자 들 얼굴이 아른거린다.

"광현아! 동현아! 꽃씨가 싹 났니?"

"네 할머니, 조금요."

손자들이 뿌린 씨앗이 궁금하고 목소리가 듣고 싶을 때 수화기를 든다. 이역만리 머나먼 영국에서 들려오는 손자들의 목소리가 바로 지척에서 하는 것 같이 정겨워 왈칵 그리움이 솟는다.

지난 5월 하순, 울산대학 교수로 재직중에 안식년을 맞아 영국 버밍엄대학교 연구교수로 가 있는 막내아들을 만나러 가는 날, 나는 김치와 라면, 과자 등과 함께 손자들 선물로 꽃씨를 사가지고 갔다. 사루비아와 채송화를.

시내에서 조금 떨어진 조용한 동내, 영국식 주택이 나란히 이어진 끝자락 이층집에서 아들 식구는 살고 있었다. 뒤뜰에는 큰 벚꽃나무와 사과나무가 우거져 있고 앞뜰에는 들꽃과 수국이 피어 있었다. 그 모퉁이에 초등학교 6학년 큰 손자가 흙을 파고 네 살배기 작은 손자가 콧물을 훌쩍거리며 고사리 손으로 꽃씨를 뿌렸다.

"이 씨가 이 다음에 꽃을 피우면 할머니와 만나는 거야."

"정말?"

"그럼! 꽃 속에 할머니 마음이 들어있거든……."

손자들은 내 말에 신바람이 나서 물을 듬뿍 뿌려주며 신나게 뛰어다녔다. 그리고 그 옆 자갈밭에서 할아버지께 드리는 선물이라고 예쁜 차돌멩이를 주웠더니 두 놈이 서로 다투어 열심히 골라서 내 치마폭에 담아주었다. "할아버지 선물, 선물." 하면서.

그날 저녁, 아들은 뒤곁 나무 아래서 숯불을 빨갛게 달구어 쇠고기 바비큐를 준비하고, 대학교수로 있으면서 알뜰하게 살림을 꾸리는 며느리는 부엌에서 내 생일 음식을 장만하느라 지지고 볶고 부산했다. 온 식구가 푸짐한 식탁에 둘러앉으니 손자들이 손뼉치며 노래를 불렀다. "생일 축하합니다. 사랑하는 할머니 생일 축하합니다……."

노래가 끝나자 아들이 두 손으로 공손하게 내 잔에 포도주를 따르고 며느리가 고기를 내 밥그릇에 올려놓자 왈칵 목이 메었다. 순간 되감기는 필름처럼 세월은 역류 되어 신수동 옛집이 떠올랐다. "올바르게 살자!" 큰 소리를 내며 불끈 쥔 주먹으로 식탁을 쳐서 시어머님과 함께 모두를 놀라게 했던 아들.

신군부 정권 아래 대학생이던 아들은 정의감과 비판의식이 남달리 강했다. 그 혈기가 충천하여 흙투성이 신발로 시위 현장으로 광주 망월동 묘지를 참배하느라 뛰어다니며 구속된 친구들을 찾아 주스와 빵을 사들고 위로하던 아들. 대견했지만 나는 그 정의감을 학문으로 이룩하라고 타일렀던 기억이 되살아났다.

다음날, 우리는 노르웨이 관광을 떠났다. 멀리 바이킹시대부터 탐험시대에 이르기까지 바다에 도전한 노르웨이 사람들의 발자취를 간직한 수도 오슬로. 중앙역에서 기차를 타고 뮈르달 역에서 다시 등산 열차로 갈아타며 즐긴 플롬 철도여행은 별천지 꿈의 세계였다. "할머니 오래오래 사세요." 하며 내 곁에 바싹 다가오는 손자들.

"그래그래 얼마나 오래 살까." 작은 손자는 두 팔을 벌려 커다랗게 원을 그리고 큰 손자는 엉뚱하게 말을 했다. "제가 커서 결혼하여 아들을 낳고 그 아들이 결혼하여 또 아들을 낳고 그 아들이 또 결혼할 때까지요." 나는 왈칵 두 놈을 껴안고 깔깔거리며 창밖을 내다보았다.

차창 밖으로 펼쳐진 방대한 북국의 야성적인 자연 풍광은 신선한 충격이었다. 울창한 숲과 푸른 호수, 잔설로 덮인 산, 하얗게 부서져 내리는 폭포수, 요동하는 빙하 등. 더 놀라운 절경은 유명한 '효스 폭포'였다. 태고의 신비가 숨어있는 깎아지른 절벽 아래로 쏟아져 내리는 폭포의 웅장함. 이곳에서 승객들 모두 차에서 내려 감상하도록 했다.

높이 무려 94미터에 이른다는 거대한 물줄기를 우러르며 비처럼 쏟아지는 폭포수를 맞으며 우리는 가족사진을 찍었다. 막내를 안고 있는 아들의 표정이 얼마나 밝은지. 지난날 우울했던 잿빛 세월은 일순 날아갔는가. 그때 아들을 찾아 시위가 끝난 연세대학교 앞길을 눈물 흘리며 헤매던 나는 바다 건너 확 트인 세계를 얼마나 동경했던가.

지금 아들은 스스로의 힘으로 넓은 세계에 나와 마음껏 꿈을 펼치고 있지 않는가. 과거는 항상 현재의 연결고리로 오늘의 밑거름으로서 가치를 지니는 것을. 그래서 항상 도전하는 우리네 삶은 미래를 향해 열려있는 것이다.

내 생애 최고의 여행을 하고 귀국한 나는 남편에게 너무나도 죄송했다. 부모님께 효자인 남편을 닮은 아들, 그리고 그 아들을 닮은 손자들. 4대로 잇는 유전인자를 몸소 확인하면서 아들의 모습과 성격이 어쩌면 그렇게도 남편을 닮았을까 신기함을 느꼈다.

어느덧 8월. 정원에 서면 빠르게 기울어가는 여름 속에서 가을을 느낀다. 봉선화 꽃닢은 땅에 흩어지고 온갖 화초가 시들해진 가운데 유독 기염을 토하고 있는 사루비아가 불같이 타고 있지 않는가. 나는 아예 이 꽃을 화분에 옮기고 그 위에 차돌멩이를 깔고 거실 탁자 위에 놓으니 집안이 온통 대낮이다.

화분에 물을 주면 물 먹은 차돌멩이가 손자들의 눈동자처럼 반짝거린다. 그리고 꽃빛처럼 뜨거운 아들며느리 사랑이 가슴을 적신다. 남편도 손자들의 손길로 반들거리는 차돌멩이 선물을 물끄러미 바라보며 미소 짓는다.

지금 영국 아들네 집 마당에도 피었을 사루비아. 그 꽃을 서로 바라보면서 손자들과 아들며느리와 우리는 멀리 떨어져 살아도 마음은 하나가 된다.

(2004. 여름.)

바람 속에서

2월의 바닷바람은 맹수처럼 포효하고 있다. 거센 태풍 속에서 내 작은 몸은 중심을 잡지 못해 휘청거린다. 매서운 바람은 내 머리카락을 날리고 몸속으로 파고 들어온다.

안개 낀 듯 뿌연 바다 위로는 회색 하늘이 내려앉고 멀리에는 오륙도가 가물가물하다. 태양은 어디로 숨어버렸는지 공중에서 회오리치는 바람만이 밀물처럼 덮쳐 와 눈을 뜰 수가 없다. 다만 열려있는 귀로 신음하는 바다 소리가 들려올 뿐이다.

이곳은 부산, 영도의 동남단에 있는 시민공원이다. 더 안으로 들어가면 신라 태종 무열왕이 산책했다는 태종대가 있다. 그 입구 녹지대에 오늘 새로 문학비 하나가 세워진다. 김소운 수필가의 문학비 제막식에 우리문학기림회 회원들이

한 자리에 모이게 된 것이다.

金素雲 문학비

(1908.1.5.－1981.11.2.)

이곳 영도에서 태어난 金素雲은 〈木槿通信〉 등 주옥같은 명수필을 남겼다. 그리고 한국의 많은 문학작품들을 그 탁월한 일본어로 번역 우리 민족의 서정을 널리 알렸으며 특히 〈朝鮮詩集〉은 최고 걸작 품으로 평가받고 있다.

바다를 향해 서 있는 문학비는 바람 속에서도 작가의 의지만큼이나 의연하다. 오석에 새겨진 글씨는 내가 종이 위에 쓴 붓글씨보다 더 선명하게 드러나 새하얗게 눈부셔 돋보였다.

비석 둘레의 소나무가 싱싱하고 동백나무 몇 그루가 운치를 더해주는 녹지. 바람이 일 때마다 뚝하고 떨어지는 동백꽃이 피 토하듯 땅에 뒹구는 모습이 애잔하다. 낙화인들 꽃이 아니랴. 나는 그 꽃들을 주어 비석 앞에 놓았다. 비석 주인이 웃고 있는 것만 같다.

그대 위하여 목 놓아 울던 청춘이 이 꽃 되어
천년 푸른 하늘 아래 소리 없이 피었나니

불현듯 청마 유치환 시인의 〈동백꽃〉이 떠오르자 조금 전에 다녀온 에덴 공원이 눈앞에 열린다. 잡초와 나목이 우거진 사이로 바람만이 세차게 불어대는 언덕에 청마 시비는 쓸쓸히 서 있었다. 오랜 풍상 속에 낡은 비면에 희미하게 남은 시 〈깃발〉을 읽고 돌아서는 마음이 얼마나 허전한지.

아무도 찾아주는 이 없는 이 폐허 같은 동산에서 나는 가슴에 낙동강 강물의 잔잔한 흐름을 안았다. 잠시지만 무언의 세계에 젖어 저 멀리 을숙도와 김해비행장을 내려다보고 생각에 잠기며 언덕을 내려왔다.

청마와 소운 두 분은 나란히 1908년생 경남 출신으로 파란만장의 생애를 산 풍운아들이 아니신가. 청마는 평양으로 만주로 방랑하다 늦은 나이로 귀향하여 교직생활을 하며 시 창작에 전념하다가 1968년에 불의의 사고로 타계했다.

소운도 표박의 나그네로 현해탄을 건너다니다가 10여 년이나 일본 땅에 발이 묶여 있었다. 1965년에야 귀국하여 수필 창작에 몰두하다가 1983년에 작고했다. 생전에 우정이 각별하여 소운은 청마의 시를 일역 〈조선시집〉에 수록하여 일본에 널리 소개하고 알리는 데 힘썼다.

“만년필 가졌나?” 눈이 펑펑 쏟아지는 기차 역두, 영하 40도가 넘는 북만주로 돌아간다는 청마를 배웅하던 날, 소운은 아끼던 초고급 불란서제 콩쿠링, 만년필을 청마 손에 쥐어주고 말없이 돌아섰다. 그리고 〈외투〉라는 수필을 썼다.

만년필은 외투도 방한구도 아니건만 그때 내 심정으로는 내가 입은 외투 한 벌을 청마에게 입혀 보낸다는 그런 기분이었다. (수필 〈외투〉 중에서)

청마는 혹한의 이역 땅에서 이 만년필로 하여 얼마나 포근한 겨울을 보냈을까. 지금 소운의 따뜻한 우정이 훈훈하게 가슴을 적신다. 모든 예술의 근간은 인생에 대한 사랑이며 그중에서도 특히 수필은 '사랑'이라는 밑거름 없이는 피어나지 않는 꽃이라고 작품 〈수필의 눈〉에서 밝혔듯이 소운은 평생 사랑을 실천하며 글을 쓰고 사신 분이다.

여전히 불어대는 바람 속에서 두 분의 명작과 함께 살아나는 영혼의 생명을 느낀다. 바람은 그리움인가. 이 세상에서 못다 한 사랑이 오늘은 그리운 바람 되어 태종대에서 에덴공원으로 불며 메아리쳐온다. 영혼의 대화를 나누면서. 바람은 또 세월 같은 것. 눈에 보이지 않는 형체도 없는 신비한 흐름이다.

바람아 불어라. 오늘은 바람 불어 좋은 날이다.

(1998. 2.)

그 수레바퀴

— 친구야 내 친구

향학의 꿈에 부푼 20대 초반, 한국전쟁으로 폐허가 된 서울에 와서 제일 먼저 발길을 옮긴 곳은 전통문화의 거리 인사동이었다.

길가에 돗자리를 깔고 ≪춘향전≫, ≪홍부전≫ 등, 표지가 울긋불긋한 육전(六錢)소설과 붓 서너 자루를 놓고 졸고 있는 노인 모습이 미소를 머금게 했다. 길 양쪽으로 즐비한 지필묵 가게들이 손짓하고 그 사이에 있는 주단 점포는 불 켠 듯 눈부셨다. 창가에 앉아 색동저고리를 입고 수를 놓고 있는 아가씨들 모습이 얼마나 정겨운지.

은행나무 가로수 밑을 구르는 노란 낙엽을 밟으며 조금 더 거닐면 골동품 가게 앞에 놓인 커다란 오지항아리가 눈에 들어왔다. 바로 그 옆에는 웬 수레바퀴 하나가 덩그렁 놓여있지 않는가. 원심에서 퍼진 반지름 나무토막이 15개, 그 둘레 나무에는 무쇠가 씌워져있어 어릴 적 보았던 소달구지에 달린 바로 그것이었다. 멍하니 쳐다보고 있으니 바퀴가 굴러가는 것만 같다. 아니 바퀴 밑에 깔린 물체가 꿈틀거리고 있는 것도 같다.

얼핏 독일의 문호 헤르만 헤세의 자전소설 〈수레바퀴 아래서〉가 떠올랐다. 인간의 창의성과 자유로운 의지를 짓밟는 교육을 비판한 내용으로 사람을 짓누르는 가정과 종교의 갈등에 대해 언급한 작품. 고루하고 위선적인 권위에 휘둘린 주인공이 압박감으로 숨을 제대로 쉴 수 없이 건강을 잃고 불면증에 시달리다가 신경쇠약으로 물속에 몸을 던진다는 결말이다.

그렇게 비슷하게 살았던 친구. 초등학교 6학년 동갑내기 단짝친구 옥이와 나는 학교가 파하면 단발머리를 나풀거리며 옥이는 산동네로 나는 신작로로 헤어져야 할 갈림길에서 책가방을 내려놓고 놀았다. 그때 쌀가마니를 산더미처럼 싣고 오는 소달구지와 만났는데, 황소가 연신 흰 거품을 내뿜고 기를 써도 수레바퀴는 꼼짝하지 않는 것이다.

주인이 모질게 채찍질하고 한참 실랑이 끝에 돌고 돌아간 수레바퀴 밑자리를 보고 우리는 혀를 찼다. 황토 흙이 파헤쳐진 자리에 풀꽃들이 으깨져있고 뭉개진 소똥 옆에는 풀벌레와 개미떼가 죽어있지 않는가. 그 비참한 광경을 보고 어린 마음에 너무 큰 상처를 받았다.

옥이의 삶이 차츰 그렇게 닮아갈 줄이야. 똑같이 선생이 꿈인 우리는 사범학교에 진학했으나 행상을 하던 편모슬하에서 신문배달을 하며 고학하던 옥이 꿈은 얼마 후 좌절되고 말았다. 어머니가 병환으로 눕게 되어 학업을 중단하고 간호사가 된 것이다. 내가 서울에 올라온 이듬해 옥이도 서울에 있는 병원으로 옮겨와 우리는 반갑게 재회했다. 함께 인사동 산책을 하며 수레바퀴 앞에 이르러 한참을 서서 소녀 적 추억에 잠기곤 했다.

그러자 혼기를 맞은 우리는 같은 해에 결혼 했다. 인간의 속성은 항상 내가 갖지 못한 것에 대해서 무한한 동경을 하는 것일까. 나는 평범한 지아비의 아내가 되어 소리 없이 살고, 옥이는 재력 있는 은행 간부와 화려한 인생출범을 했지만 불협화음이 끊이지 않았다. 남남이 만나 부부로 산다는 것은 서로에게 스며들어 결함과 상처까지도 보듬고 살아야 하는 것을.

남자의 가슴은 여자를 지옥으로도 천국으로도 보낸다. 밀튼의 말처럼 그녀의 결혼은 최대의 축복인 동시에 최대의 암초가 되어버린 것이다. 갈수록 극심한 남편의 방종, 홀시어머니의 학대, 친정어머니의 죽음, 허우적거릴수록 빠지는 고통의 늪으로 그녀의 수레바퀴는 박혀버리고 말았다. 그러자 한줄기 빛, 아들이 태어난 것이다.

교회에 나가 참회하며 기도하기를 오직 하나의 희망인 아들로 하여 인간적인 대접 받기를 갈망했으나 허사로 돌아가고 말았다. 급기야 다섯 살 난 아들을 빼앗기고 빈손으로 쫓겨날 때, 정신을 잃은 옥이는 수레바퀴에 깔린 풀벌레처럼 죽은 목숨이었다.

옥이가 캐나다로 이민 가던 날, 고뇌에 찬 어둔 그늘을 얼굴 가득 드리우고 뼈만 남은 어깨를 출렁이며 기대왔을 때, 나는 같이 아파해줄 내 가슴이 너무 작은 것을 한탄했다. "순아! 사랑 없이 한 남자를 선택했던 죄, 내 마음속 깊이 잉태된 물질적 욕망에의 집착이 이렇게 엄청난 파멸을 몰고 올 줄이야." 눈물도 말라버린 옥이는 땅에 주저앉아 몸부림치며 통곡했다.

그리고 우리의 수레바퀴는 굴러갔다. 그녀의 아픈 가슴을 치유하고도 남은 세월이. 어느 날, 갑작스레 옥이 전화를 받고 우리는 어느 찻집에서 만나 손을 맞잡고 말문을 열지 못했다. 시련을 이기고 거듭난 해맑은 얼굴의 옥이 옆에 앉아 있는 건장한 청년을 보자 귀국한 연유를 알았다. 이 기적 같은 20년만의 모자 상봉은 그동안 생지옥의 삶을 이어가는 생모를 애타게 찾아 헤맨 핏줄의 공로였다. 이제 아들로 하여 옥이는 새로운 삶이 열리게 된 것이다.

우리는 함께 인사 동 골목을 누비며 수레바퀴를 찾아갔다. 그 앞에서 옥이는 지난 삶을 떠올리며 눈시울을 적셨다. 이제 옥이 모자의 수레바퀴는 경쾌하게 돌기만 하리라. 옥이는 원심이 되고 아들은 원둘레가 되어 일치되는 동일화의 움직임. 이 수레바퀴의 동심원적 모자의 정은 인간이 쉽게 갈라놓을 수 없는 하늘의 섭리인 것을. 이제 친구는 아들의 효도로 햇빛 밝은 삶을 누리리라.

수레바퀴는 돌고 돌아 우리는 이제 어쩔 수 없이 황혼기를 맞았다. 옥이 모자는 어디서 어떻게 살고 있는지 무소식이 희소식이 된 지 오래다. 나 홀로 은발을 날리며 꿈이 깃든 인사 동 거리를 거닐면 왜 그리 마음이 허전할까. 도시계획으로 말끔히 정돈된 차 없는 거리, 지필묵 점포 앞에 수북하게 쌓인 붓은 목하 세일 중, 눈을 돌리면 외국인 관광객들의 선물 가게만 즐비하고. 호떡을 사먹으며 두리번거리는 사람들로 붐볐다.

그 수레바퀴는 흔적 없이 어디론지 사라져버리고 그 자리에는 우리 추억만이 맴돌아 만감이 교차했다. 친구야 내 친구. 아들, 손자들에 둘러싸인 주름진 옥이 얼굴이 웃고만 있다. 무소식이 희소식인 채 언제까지나 그렇게 행복하게 살아다오. 주름진 옥이 얼굴을 그리며 나는 발길을 돌려 천천히 쌈지길 쪽으로 향했다.

(2013. 9.)

사립문

세월에 이끼가 낄수록 어릴 적 추억은 맑은 시냇물이 되어 내 마음 한구석에 흐른다. 삶의 찌꺼기들을 씻어내면서 온갖 소망의 노래로 흐르는 이 물줄기, 때로는 그리움으로 때로는 고뇌와 환희의 날개 되어 되살아나는 유년의 꿈은 지금까지 내 삶의 후미진 뒤안길에서 주춧돌이 되어주었다.

화려한 꽃동산도 고대광실도 아닌 가장 원초적인 향수(鄕愁), 어디서 황토 흙냄새와 함께 찐 고구마 냄새가 풍겨오면 숙이네 초가집과 사립문이 떠올랐다. 싸릿대 하나 하나에 우리 우정이 배어서 촘촘히 엮여진 사립문, 바람이 불면 우리 이야기가 맴돌던 사립문, 내 기억의 뒤안길에 잠겼던 추억이 선경(仙境)으로 떠오르는 것이다.

초등학교 3학년 시절, 나는 곧잘 숙이 집으로 숙제하러 갔다. 산동네 허술한 초가집들이 이어진 후미진 골목에 있는 사립문은 항상 열려있었다. 숙이는 책가방을 마루에 놓자마자 부엌으로 들어가 황토 흙 부뚜막 까만 무쇠솥뚜껑을 열고 찐 고구마 하나를 가지고 왔다. 한입씩 나누어 먹으면 입속에서 녹아나던 그 달콤한 맛.

하늘의 넓이가 궁금했던 시절, 숙제를 하다 말고 밖을 내다보면 하늘을 이고 있는 사립문의 멋스러움에 취했다. 하루 종일 집을 봐도 삽살개만이 꼬리치며 들락거릴 뿐 들어오는 사람 없는 대문, 어느 날은 비에 젖고 가을에는 낙엽 구르고 겨울에는 흰 눈 맞고, 항상 쓸쓸하고 신비스런 분위기를 자아내고 있는 사립문.

사립문은 아버지가 생전에 싸릿대를 엮어 만든 거라고 숙이가 조용히 이야기를 들려준 적이 있다. 그럴 때 숙이 얼굴은 그늘지고 어른스러웠다. 찐 고구마 행상과 삯바느질로 생계를 꾸리는 홀어머니의 무남독녀 숙이가 별나게 위대해 보였다. 북적거리는 대가족 속에서 비비대고 있는 나는 속물 같아 우리 집에서 느낄 수 없는 한적한 분위기가 내 마음을 사로잡았던 것이다.

어쩌면 숙이네 사립문은 잠재해있는 내 예술에의 꿈을 키워준 밑거름인지 몰랐다. 숙이네 집에서 돌아오면 나는 책가방을 든 채 곧 바로 사랑방 병풍 속 동양화 앞에 섰다. 첩첩 산골 폭포수 내리는 만학천봉 계곡, 외나무다리를 건너가는 하얀 수염의 선인(仙人)이 지팡이 짚고 오르는 산정의 암자 풍취가 바로 숙이 집 분위기와 흡사했기 때문이다.

한유(閒遊)와 정적, 그것은 어린 마음에도 동경하는 꿈꾸는 세계였다. 유년 시절 어머니 치마폭을 붙잡고 종종걸음으로 따라갔던 산속의 사찰 풍취를 되살려보는 즐거움에 빠지기도 했다. 그러한 신비스런 분위기가 나를 차츰 문학에 눈뜨게 해주어 동화나 위인전을 읽다가 문학서적에 눈 돌렸던 시절, 오빠 공부방 서가에 꽂힌 세계문학 전집을 읽기 시작했다.

인간이 태어나 삶을 영위하는 원초적인 자연에서 무엇인가 터득하려는 몸부림이 눈뜰 때였는지 모른다. 원초적 영감을 주는 신비한 빛과 향기 어우러진 고향 전주, 숙이 집 뒤로는 푸른나무 우거진 산으로 덮여있고 산 아래로는 만경강 지류인 전주천 맑은 물이 흐르고 있었다. 그래서 지금까지 숙이네 사립문은 내 마음의 이상향이고 고향 같은 요람으로 남아있는 것이다.

초등학교를 마치고 우리는 헤어져 지금까지 소식을 모르고 살고 있다. 산동네 개발로 그 초가집이 빨간 슬레이트 지붕이 되었는지 아주 사라져버렸는지 알 길이 없다. 이상하게도 숙이 얼굴은 감감하여 떠오르지 않지만 초가집과 사립문만은 뚜렷이 떠올라 지금도 눈앞에 아른거린다. 나에게 꿈만을 남겨주고 어디서 조용히 이 세상 남은 연륜을 감고 있을까. 친구여.

흘러간 시간들, 다시 주워 담을 수 없는 이야기들, 다시 찾을 수 없기에 더 소중한 추억이다. 자칫 나를 잃고 방황하는 현대 생활에서 내가 나일 수 있게 하는 지주는 유년의 꿈이거늘. 그 꿈이 나에게 붓을 드는 여유를 주고 항상 마음의 문을 열어주고 있었는지 모른다. 그 사립문처럼.

흰 눈 내리는 날이면 더욱 내 마음 설레어 먹을 갈고 화선지를 펴 붓을 든다. 초가집을 그리고 사립문을 그리노라면 어디서 개 짖는 소리와 함께 내 마음에 걸린 막막한 하늘이 시나브로 걷힌다. 그 하늘에 텅 빈 내 마음을 펼쳐본다. 무한한 공간 흰 눈 내리는 무구(無垢)의 하늘에 붓끝이 내 마음 자락을 펄렁인다.

초가집 위에 흰 눈 쌓이고
사립문 사이 눈가루 흩날리면
두고 온 유년의 꿈은 얼룩이 지고
밤이 이슥하도록 잠 못 이룬다.

(1989. 2.)

나의 소장품 남산 나들이

— 연적과 도자기

5월, 상큼한 신록 눈부시는 계절이다. 발걸음 가볍게 남산을 향해 집을 나선다. 푸르른 나무 우거진 남산 정기 받아 자리한 보금자리 〈문학의 집. 서울〉. 문학인들 가슴에 꿈을 심어주는 곳, 아담한 본관 전시실에서 문학인 5명의 애장품 소장전이 열리고 있어 나도 한 자리 얻어 연적과 도자기를 선보이게 되었다.

햇빛 따사로운 오후, 창밖으로 하늘하늘 노란 나비가 날아드는 파란 잔디밭이 싱그럽고 그 너머에는 희귀한 고목들이 우거진 숲에 둘러싸인 대기 속에 자리한 삼림문학관이 의연하다. 옛 고향 전주, 삼나무 울창한 완산칠봉이 되살아난 듯 생기 넘치는 분위기에 잠기니 시나브로 내 유년시절이 떠오르는 게 아닌가.

한 방울 물로 메마른 내 마음 촉촉이 적셔주던 연적. 그 앙증한 것이 아버지 사랑방 탁자 위에 놓여 있었다. 어릴 적 아버지께 붓글씨를 배우면서 만난 내 꿈의 원천. 두꺼비 모양 연적의 물을 벼루에 따라 부어 먹을 갈고 부드러운 붓털에 흠뻑 먹물을 적셔 붓글씨를 쓰시는 아버지를 바라보면 어찌 그리 신비스럽던지.

"아버지! 여자가 붓글씨 써도 되나요?" "아암". 아버지 사랑은 지극하여 내 고사리 손에 붓을 쥐어주시고 '한 일자' 쓰는 법과 '길 영(永)자'를 가르쳐 주셨다. 나는 매일 붓글씨 쓰기에 빠져 연적의 물이 마를 새가 없었다. 어머니는 이러한 나를 못마땅하게 여기셨지만 나는 여자지만 무언가 남보다 다르게 살고 싶었던 것이다.

자라면서 꿈도 커져 초·중·고등학교 시절에는 학과공부를 마치고 방과 후에 붓을 들었고 대학시절을 거쳐 성인이 되어서도 수필을 쓰면서 붓을 놓지 않았다, 이러한 나를 지켜보시던 아버지께서 결혼 선물로 연적, 벼루, 붓이 든 상자를 주셨다. 이 문방사우를 보물처럼 간직하며 시집살이에 3남매 낳고 키우면서 나태해지려는 나를 채찍질했다.

지명에 이르러 인사동에 연구실을 내고 붓글씨에 심취하던 나는 서예 계에 깊숙이 발을 들여놓았다. 그런데 이렇게 활동하는 딸의 국전 입선을 몇 달 앞두고 세상을 떠나신 아버지. 그때부터 나는 연적을 하나 둘 사 모으며 아버지를 추모했다. 붓을 들면 유년의 꿈이 응고된 연적이 나를 깨워 천자문을 예서체로 12곡 병풍에 담아 쓰면서 완성할 때까지 붓을 놓지 않았다.

그리고 세월은 흘러 맞은 황혼기. 수필과 붓글씨 쓰기로 연륜을 휘감고 도자기에 심취한 것은 내 가슴속 켜켜이 쌓인 울분을 내려놓고 싶어서였다. 신장병으로 입원 치료를 받고 있는 남편 간병으로 지친 나날들. 생사가 교차하는 숨 막히는 입원실에서 의사에 매달려 생존의 한계에 도전하는 우리 몸부림은 얼마나 처절하고 절박했던가. 알코올 냄새로 찌든 몸과 마음을 씻어버리고 싶은 날이면 곤지암 '보온요'로 달려갔다.

흙냄새로 숨통 트고 소지를 나무방망이로 두드리면서 불거진 오욕도 함께 뭉개며 거듭나기를 기도하는 시간. 그 흙뭉치를 손바닥으로 치면서 쟁반같이 넓적하게 펴면 두 손은 흙으로 범벅이 되고 흙처럼 살고 싶은 염원만이 넘쳐났다. 그동안 익힌 붓글씨를 도자기 몸체에 담아 보리라는 꿈이 되살아나는 시간이기도 했다.

한줌 흙이 내 손끝에서 여러 형체로 드러난 몸체에 붓을 들어 내 간절한 소망을 담고 화도 1,350℃ 황토 불가마 속에서 다시 태어난 새 생명체. 오묘한 빛으로 피어난 이 눈부시게 아름다운 도자기에 도취하면 하늘이 주신 선물이 아닌가 싶어 가슴 뛰는 홍분을 감출 수가 없었다. 이 완성품을 보고 우리 삶의 변화를 꿈꾸며 위안을 받곤 했던 시간들.

온몸으로 사랑을 쏟아 붓고 싶은 갈망이 응고된 도자기. 사람들이 어느 누군가를 사랑한다는 것은 자신을 그와 동일시하는 것이라고 한 어느 철학자의 말이 떠올랐다. 어쩌면 외골수 빠져든 내 도자기 빚기를 눈감아 준 남편의 배려는 간병에 지친 나를 쉬게 하려는 데 있었다. 그 사랑과 일체가 되고 싶은 갈망이 나로 하여금 도자기 만들기에 미치게 한 것이다.

아무리 역경에 처해도 이 세상을 살아가는 사람들은 누구나 무엇인가 하고 싶고 무엇이 되고 싶다는 꿈이 있다. 어려운 환경을 헤쳐 나갈 힘에는 지혜가 수반하고 마음이 진실함으로 가득해서 행복을 느끼며 더 강해진다. 그러나 그 꿈이 물거품이 되지 않기 위해서는 부단한 노력으로 뜨거운 열정의 용광로를 통과하면서 참고 이겨내는 끈기를 지녀야 했다.

꿈을 갈고 닦는 데 전력투구한 세월의 흔적으로 남은 도자기. 외골수 그 꿈에 매달려 살아온 것은 집념이고 신앙이기도 했다. 그러나 살아가면서 나이 들어도 우리의 꿈은 이루는 것으로 끝나는 것이 아니라 다시 더 큰 꿈을 꾸는 계기가 된다는 것을 알았다. 살아있는 동안 꿈은 결코 시들지 않고 늙지 않는다는 것도.

(2014. 5.)

꽃들의 반란(斑爛)

— 4월이 오면

오랫동안, 아담한 2층 집에서 살다가 마포 공덕동 5거리 언덕배기에 신축된 아파트로 옮겨 앉았다. 그 저층에 있는 네댓 평의 앞마당에 현혹되어 입주한 것은 하루빨리 정원을 가꾸고 싶어서였다.

그런데 이사와 보니 그곳은 제대로 된 땅이 아니었다. 아파트 건축할 때 남은 시멘트 조각과 잡석들을 깔고 그 위에 눈 가리고 아웅 식으로 흙을 덮어 녹지를 만든 베란다였다. 그래도 담가에 키 작은 소나무 들이 운치 있게 서 있고, 깡마른 산수유와 목련 나뭇가지에 매달린 두어 송이 꽃들이 쓸쓸히 바람에 나부끼며 나를 반겨주었다.

나는 매일 아침, 마당에 나가 화전민이 황무지 개간하듯 호미와 삽으로 마당을 팠다. 들어나는 잡동사니들을 골라내고 잡초들을 뽑았다. 그런데 의식 없는 위층 거주자들이 마구잡이로 던진 담배꽁초와 우유팩들을 비닐에 주워 담으며 후유 한숨 쉬고 아득한 25층 꼭대기를 우러르면 어리어리 이는 현기증.

꽃씨를 뿌려도 일년초들이 싹을 틔우지 못하는 척박한 땅에 우선 흙을 채우고 비옥하게 만드는 것이 급선무였다. 화원 주인에게 부탁, 흙과 비료를 마당에 깔기를 여러 번 시도하고 그렇게 오래 다진 후, 화초들을 심으니 울긋불긋 살아나는 게 아닌가. 빈 터에는 잔디를 깔았더니 금상첨화였다.

그리고 동대문 나무시장에 가서 감나무, 줄장미, 개나리, 철쭉꽃 등을 사다가 횅한 공간을 채웠다. 감나무는 두 번이나 실패했는데 세 번째는 살아남았다. 감을 좋아하는 우리는 감나무에 대한 애착이 남달라 무척 정성을 쏟아 부었다. 감이 열리기에는 아득한 묘목이지만 초록 잎들이 눈을 시원하게 해주어 얼마나 대견한지.

자기 집도 아닌데 그렇게 공들여 마당을 가꾸느냐는 주위의 핀잔을 나는 웃으며 받아넘겼다. 내게 또 주어진 일은 마다하지 않고 받아들여야 할 내 몫인 것을. 당뇨병으로 투병하는 남편과 간병하는 내가 바라보고 위로 받고, 아파트 주민들이 즐기는 만인의 녹지 공간. 아름다움을 감상할 수 있는 모든 사람의 정원이고 나는 사랑의 파수꾼인 것을.

사랑이란 항상 곁에서 보살피며, 정성을 쏟는 마음 씀이 아닌가. 한여름, 땡볕에 맨발로 흙을 밟으며 갈증으로 시들해진 나무와 잔디밭에 고무호스를 들이대고 물을 뿌렸다. 꽁꽁 얼어붙는 겨울에는 나무들 허리에 볏단으로 옷을 입히고 보호했다. 그리고 하늘을 가리는 무성한 나무 잎들이 서로 부딪히는 가지들을 쳐 통풍을 도와주면 환호하듯 살랑거렸다.

자연은 솔직했다. 부드러운 흙은 또 얼마나 착한가. 자기를 사랑해주는 이가 누구인가를 알고, 받은 만큼 보상해주는 덕(德)도 지니고 있다. 어머니 품속 같은 흙속에서 날로 풍성해지는 정원에 앉아 우리 부부는 설록차 마시며 얼마나 행복했던가. 우리는 서로 의지하며 결함과 상처까지도 보듬고 서 있는 한 쌍의 나무인 것을.

우리 앞에 세월이 가면서 변화하는 것들. 4계절이 돌고 돌 때마다 나이테를 휘감은 정원수는 날로 풍성해져 봄에는 온갖 꽃으로, 여름에는 싱그러운 녹엽으로, 가을이면 곱게 물든 단풍으로, 겨울에는 눈 꽃 흐드러진 설경으로 별천지를 이뤘다. 그런데 이렇게 풍요로워지는 자연에 반비례하듯 우리 몸은 어째서 점점 초췌해지는 것일까.

희망 없는 땅을 가꾸어 나무를 심고 더 나은 미래가 분명 올 것이라고 추억의 매듭을 풀며 보낸 수많은 세월. 우리 앞에 4월이 왔다. 베란다 유리문을 열면 쏟아지는 눈부신 꽃들의 반란(斑爛). 산수유나무를 덮은 황금빛 꽃 너울, 나뭇가지

마다 무더기로 하늘 향해 춤추는 목련꽃송이. 담 밑 철쭉꽃이 사랑 노래 부르며 불타오르고, 개나리가 노란 물감을 뿌리며 담을 뒤덮고 있다. 바람 따라 날아온 새들도 짹짹거리며 축복해주는 우리 집 지상 낙원.

화려한 4월 꽃들이 마치 오늘이 생애 최고임을 자랑하는 마지막 날처럼, 의기양양한 모습들을 나 혼자 바라보고 있노라니 가슴이 꽉 메어왔다. 입원 생활을 하고 있는 남편 가슴에 옮겨 심을 꽃들을 렌즈에 담으면서 함께 웃으며 셔터를 눌렀다. 이 꽃들로 하여 남편 몸의 병마는 날아갈 것이다. 꽃이 만발한 나무들에 이름표를 달고 어디를 가나 함께 있고 싶다.

아파트 땅에 심은 나무가 어찌 내 소유란 말인가. 생명의 근원인 흙 마당의 나무들은 태양과 바람과 비를 맞으며 소리 없이 흙이 키운 것을. 힘들고 지쳤을 때 위로 받고 의지하며 희망이었던 4월 꽃들을 가슴에 품고, 하늘을 우러르니 흰 구름이 무심히 흐르고 있다.

(2013. 4.)

그 나이

— 미국 LA초대 서화전시회

올봄 뜻밖에 미국 LA 〈작가의 집, 아트홀〉의 김문희 이사장으로부터 서화전 초대를 받은 나는 잔잔한 일상에 바람이 일었다. 이 초대전에 응하고 싶은 마음의 동요를 무엇으로 잠재우랴. 그러나 선뜻 용기가 나지 않아 망설이며 심사숙고하는 나를 3남매가 등을 밀었다. "어머니가 하시고 싶은 일은 주저 마시고 무엇이든 하세요."

그런데 여기저기서 염려의 말 한마디씩이 내 귀를 어지럽히는 게 아닌가. 바로 내 정곡을 찌르는 말, "그 나이에 전시회 하러 태평양을 건너간다고?" 한참 번지고 있는 메르스 유행병 때문에 노약자들은 집에만 있는 것이 최상이라는 여고 동창생들의 입방아가 찬물을 끼얹었다. "그 나이에 어딜 간다고 그랴! 그냥 집에 편하게 있지." 아파트 노인들도 한마디

씩 했다.

그들 말에 수긍하면서도 "그 나이라니! 그 나이가 어때서?" 나는 반기를 들었다. 그 나이란 현재 내가 숨 쉬고 있는 축복받은 최상의 나이가 아닌가. 앞으로도 뒤로도 없는 누구나가 다 맞는 단 한 번의 해. 앞서간 사람들은 그 나이가 얼마나 값진 황금기였는가를 기억하리라. 한편 앞으로 그 나이를 맞이할 사람들은 호기심과 함께 펼쳐질 무지개 꿈을 꿀 것이다.

무심히 흐르는 세월 따라 어쩔 수 없이 허물어져가는 우리 몸. 그러나 우리네 인생은 그저 흘러가면서 변하는 것이 아니라 내가 가진 그 무엇으로 채워지는 것이 아닐까. 얼굴에 진 주름도 무색할 내면의 아름다움은 나이 들어도 식지 않은 열정으로 일하며 솟는 새 힘인 것을. 그래서 그 힘이 항상 젊음을 유지할 수 있는 원동력임을 깨닫게 한다.

그러나 솔직히 나는 그 나이를 하고 밖에 나가는 것이 조심스럽다. 모두 나만 쳐다보는 것 같아 주눅이 든다. 어릴 때 샛노란 저고리를 입혀놓으면 밖에 나가지 못하고 집 마당만 뱅뱅 돌았는데 마치 그때의 심정이 되는 것이다. 나이들어 달라진 모습을 남 앞에 드러내고 싶지 않는 마음은 여자의 본능일까. 집에만 있으니 서실에 틀어박혀 먹 가는 시간이 많아졌다.

목표를 향해 집중할 수 있는 나만의 밀실. 잡티 없이 순수한 먹빛이 맴도는 단계석 벼루는 나의 기도로 뭉친 나침판 같은 아버지 초상이다. 남과 다르게 살고 싶은 염원으로 한 획 한 획, 혼을 쏟아 심혈을 기울였던 그때 그 나이가 남긴 묵흔(墨痕)들. 모든 예술작품 쓰기란 몇 년을 바늘 끝으로 연못을 파는 일(파무크), 그리고 연못 맑은 물이 벼루를 씻어 검은 빛이 되도록 평생을 붓글씨 쓰는 일(왕희지)을 떠올리며 초대전에 응하리라 마음 굳혔다.

나는 매일 먹을 갈면서 새 작품들을 구상하고 붓을 들었다. 내 능력의 재고를 조사, 보유한 능력을 발휘하는 능력으로 긍정하면서 결과를 만드는 것이 살아있는 목표가 아니던가. 후회 없는 삶을 위하여 목표를 향해 달리면 잠자던 뇌도 함께 깨어나고 조각 난 시간들도 한데 뭉치리라. 평생 잡았던 붓의 힘이 강한 열정으로 불타올라 저력과 인내심이 더욱 깊어졌음에 감사하며 그 나이에 이른 것이 그저 고맙기만 했다.

드디어 출발의 날, 대한 항공기 창가에 앉아 3만 6,000피트 태평양 상공에 떠 흰 구름바다 위를 꿈꾸듯 회유하던 나는 그만 그 나이를 저 멀리에 날려버렸다. LA공항에 도착하여 이사장의 영접을 받고 찾아간 전시장은 내 집같이 아늑했다. 작품들을 50평 전시장 벽면에 조화롭게 걸고 일일이 작품명을 써 붙이면서 내가 하고 싶은 일을 한다는 희열만이 나를 휘감아 그저 즐겁기만 했다.

다음날 전시회장, 회색 치마에 분홍 저고리를 차려입은 나는 이곳 유지들과 개장 테이프를 끊었다. 김석연 목사님 축도에 이어 이사장 개회사와 내빈 축하 말씀들이 끝난 다음 나는 정중히 인사말을 했다. "저는 전주에서 태어나 아버지께 배운 붓글씨로 오늘에 이른 올해로 83세입니다." 그 나이를 밝히니 모두 박수를 쳐 주었다.

반가운 얼굴들, 수향회(隨香會) 회원들과 뉴욕에서 온 시누이와 그 친구들, 이곳에 이민 와 살고 있는 시동생과 시조카들로 전시장은 잔칫집이 되었다. 특히 고마운 것은 큰조카댁 경주님은 직장에 휴가를 내어 집에다 내 숙소를 마련해 주고 따뜻하게 수발해주어 감동의 도가니에 빠지게 했다.

일주일의 전시기간 내내 찾아오는 관람자를 맞으며 전시장에 있으면 미소 띤 아버지 얼굴이 아른거렸다. 그리고 헤르만 헤세의 서간 글이 떠오르는 게 아닌가. "자기 길을 걷는 사람은 누구나 다 영웅이다. 자기가 할 수 있는 일을 진실 되게 수행하는 사람은 다 영웅이다."

(2015. 7. 10.)

집시와 플라멩코

— 스페인 수도 마드리드에서

지구의 끝자락, 대서양과 마주 보는 포르투갈의 수도 리스본. 오디세우스가 건설했다는 전설의 도시에서 하루를 묵고 우리를 태운 버스는 스페인 수도 마드리드로 향했다.

E 90번 국토를 쾌적하게 달리는 버스 속에서 내다보는 풍광은 너무나도 이국적이다. 하늘은 잔뜩 흐리고 가도 가도 끝없이 올리브나무만이 이어지는 반사막의 길. 국경을 넘자 드디어 비가 내리기 시작, 대륙답게 굵은 빗줄기가 차창을 때리며 부서진다.

잠시 졸다가 깨어보니 언제 비가 그쳤는지 맑은 하늘에는 5색 무지개가 원을 그리고 있지 않은가. 이렇게 커다랗고 선명한 무지개를 예전에 본 적이 없다. 나는 올리브 나무를 그리던 스케치북을 펴고 무지개를 그려 넣었다. 이 무지개는 우리 버스를 끌고 계속 미지의 세계로 들어갔다.

끝없이 이어지는 고속도로, 이따금 하얀 집들이 옹기종기 모여 있는 동네가 나타났다 사라지고, 넓은 들판 군데군데 커다랗게 소 모형이 세워져 있어 투우의 도시가 가까이 다가옴을 실감케 했다. 스페인은 전국 각지에서 4월에서 10월 중순까지 투우경기가 벌어지는데 마드리드 시에서는 5월 15일 산이시도르 축제를 기점으로 6월 초까지 매일 경기가 열린다고.

이곳에 도착하면 세계 3대 미술관인 '프라도미술관' 관람과, 따블라오 레스토랑 바에서는 스페인 집시음악과 춤 플라멩코를 즐길 수 있으니 기대하라는 가이드 말에 귀가 솔깃했다. 드디어 정시에 도착한 버스종점. 스페인이 발산하는 모든 매력을 안고 있는 수도 마드리드는 그 매력에 끌려 찾아오는 여행자와 현지인으로 활기 넘쳐있었다.

나는 투우에는 관심이 없고 스페인 집시에는 관심이 쏠렸다. 언어는 있으되 나라가 없고 나라는 없되 민족은 있는 집시. 인도 북서부 한 부족들이 종족 분쟁이나 전란을 피해 서쪽으로 이동하면서 유랑이 시작되었다는 집시. 9세기경에 유랑을 시작한 집시가 이슬람지역인 중동과 아프리카를 거쳐 이집트, 모로코를 지나 스페인 남부 안다루시아로 들어온 것은 15세기경이라 한다.

이러한 떠돌이들에게 터키 왕이 넓은 땅을 주며 정착하라

했으나 그 땅을 팔고 또다시 유랑의 길을 떠났다는 일화가 있다. 유랑은 집시의 가장 큰 특징으로 따라서 소유에 대한 집착은 별로 없어 구속과 정착을 싫어하는 기질에 노는 것을 더 좋아하여, 먹을 것만 있으면 언제나 춤추고 노래하며 즐겁게 지낸다는 민족이었다.

그러나 유랑민으로 온갖 박해를 받으며 스페인 남부지방에 도착했을 때, 그들에게는 아라비아의 열정과 아프리카의 원시와 대자연의 향기가 절절히 배어있었다. 이 집시가 안다루시아의 뜨거운 태양과 격렬한 스페인 음악과 만난 것이다. 유랑민의 슬픔, 이슬람 적 집시의 열정, 아프리카의 원시, 그리고 스페인 음악이 만나 만들어진 것이 바로 이 플라멩코였다.

약속대로 가이드가 우리를 극장식 식당 '따블라오'로 안내했다. 입구부터 많은 사람으로 붐볐다. 잔뜩 호기심으로 들어가 둘러보니 앞좌석은 꽉 차있어 중간 자리에 앉았는데 여행자들이 대거 자리를 채운 것 같았다. 조금 후에 막이 올라가자 나는 숨죽이고 무대를 바라보았다.

정(靜)과 동(動)이 분명한 동작 속에 힘이 깃들어진 플라멩코 춤에는 키타리스트, 가수 무희가 함께 등장하는데 처음에 한 손을 치켜든 무희가 손뼉 치며 발을 구르고 나타났다. 이렇게 6명의 무희가 춤을 추고 나면 군무(群舞)가 이어지면서 조명이 사라지고 깐떼가 시작되자 관객들이 숨죽이고 바라보았다.

깐떼!

관객과 혼연 일체가 되어 숨죽이게 하는 플라멩코의 정수 깐떼. 폐부를 쥐어 짜는 듯, 가수의 허스키 보이스에는 왠지 모를 처절한 슬픔이 가득하여 심금을 울리는 게 아닌가. 나도 모르게 가슴 뭉클하여 절로 두 눈이 젖어들었다. 가슴 활짝 열고 함께 소리치며 내 가슴에 맺힌 찌꺼기를 토해내고 싶다.

노래가 끝나자 일곱 무영수의 신나는 독무가 이어졌다. 카르멘 같은 정열의 무희가 요염한 자태로 무대를 휩쓸고 춤을 추었다. 객석 관객들은 그 춤에 매료되어 광채 나는 눈빛만 보내고 있고 나는 어깨가 절로 들썩거렸다.

깐떼의 끊어질 듯 흐느끼는 애수, 기타리스트의 격렬한 리듬, 여기에 송두리째 몸을 맡겨 활활 타오르는 무희의 열정이 한데 어우러진 춤 플라멩코. 그것은 단순한 춤이 아니었다. 온몸으로 통곡하듯 눈물 나는 슬픈 몸부림이었다.

300여 년 동안 박해를 받으면서 지켜온 집시의 춤과 노래. 온몸의 뒤틀림과 피를 토하는 듯 그 절규의 넋두리 음악, 그것이 집시들 가슴속 깊이 맺혀있는 한 많은 '춤' 플라멩코였다.

(1994. 8.)

제주 '정의 골' 축제

— 민속마을잔치

지난 10월 3일, 개천절에 열린 '제17회 제주 정의 골 민속 한마당 축제'에 초청되어 참가한 바 있다. 내가 맡은 일은 가훈(家訓) 써주기였다.

전통과 문화가 살아 숨 쉬는 민속의 고장. 푸른 초원 사이사이 교묘하게 쌓아올린 돌담 너머에 새끼줄로 얽어 맨 초가집들이 마음을 사로잡았다. 포근하게 엎드려 잠자는 듯, 낮은 초가집들이 군데군데 보이는 아늑한 낙원. 태고의 신비로움을 간직한 산간 마을이 나를 아주 먼 옛날로 밀고 가는 게 아닌가.

이 마을은 1423년 정의현청이 성산면 고성리에서 이설되면서부터 성읍리로 개칭된 유서 깊은 도읍지로 전통을 자랑하는 곳. 현제는 서귀포시에 속해있는 국가 지정 제188호 성읍민속마을이다. 옛 청사, 향교, 국가지정 문화재인 천연기념물 느티나무 1그루와 팽나무 2그루, 그리고 민속자료 제2호 돌하르방 12기 등, 유형문화재와 옛 노래 등의 무형문화재는 지금도 찬란했던 옛 모습을 전해주고 있었다.

이곳이 바로 1900년대, 제주 고(高)씨의 궁지로 부모님께서 태어나 사시던 마을로 내 뿌리가 살아있는 고장이다. 아버지 생가가 그대로 남아있고 어머니가 호미 들고 검질 메시던 넓은 밭이 시원하게 뻗어있는 곳. 가슴 뭉클해진 그리움으로 올려다보는 먼 하늘에는 부모님 얼굴이 아롱거렸다.

주위가 소란해지기 시작하여 정신을 차리고 보니 영주산 풍물패들의 공연이 벌어지고 있었다. 노랗고 빨간 옷을 입고 제각기 나팔을 불고 꽹과리를 치며 하늘에 진동하듯 정의현감 부임행차를 재현하고 있는 취타대행진이 온 마을을 깨우고 있었다. 전국 최초로 주민으로 구성된 취타대라고 자랑이 이만저만이 아니었다.

개막식이 시작되자 먼저 성읍민속마을 보존회 현여송 이사장의 환영사에 이어 홍성우 성읍1리 이장의 개회사가 있었다. 다음은 고창후 서귀포 시장의 격려사에 이어 현화진 이사장과 내빈들의 축사가 있었다. 모두 입을 모아 이곳 축제는 선조들의 얼과 슬기가 담겨져 있는 전통의 재현 현장임을 강조. 아울러 이곳 주민들이 끈끈한 삶의 지혜로 역경을 헤쳐 왔던 강인한 제주인의 정신을 높이 찬양하고 있었다.

바로 이 고장 특유의 행사로 들어갔다. 성읍초등학교 학생들의 연물 및 민요공연을 시작으로 전통혼례식이 재현되었다. 잊어버렸던 옛 혼례예식을 통해 이 고장 고유의 문화 예술에 접하니 감개무량했다. 그리고 제주민요 등 무형문화재 공연과 정의골 소리패, 물허벅 장단 공연 등, 전통적인 생활문화 공연이 흥미로워 빠져들고 말았다.

언제 모여들었는지 내 천막 앞에는 손에 종이와 나무판을 든 사람들이 길게 줄 서고 있지 않는가. 이곳 전윤희 서예가가 도움이로 와서 먹을 갈고 있었다. 그때야 내가 가훈 써주기로 왔음을 알고 서둘러 붓을 들었다. 초등학생들은 '공경', '감사', '꿈', '성공' 등을. 신혼부부들은 '사랑', '믿음', '화목' 등을, 어른 들은 '온고지신(溫故知新)', '덕불고필유인(德不孤必有隣)', '사무사(思無邪)' 등을 요구하여 각각 원하는 대로 한글 고체와 한문 예서체와 행서체로 써주었다.

"장하다 내 딸아 수고하는구나." 잠시 붓을 놓고 하늘을 우러르면 아버지 음성이 들려왔다. 귓가에 맴도는 다정한 음성을 들으며 나는 더욱 힘을 냈다. 그동안 갈고 닦은 붓글씨 솜씨를 고향사람들을 위해 발휘하고 있는 자부심이 내 붓 끝에 힘을 불어넣어주고 있어 지칠 줄 몰랐다.

잠깐 허리를 펴고 일어나 주위에 설치된 천막들을 기웃거려 보았다. 모두 이 고장 특유의 음식인 흑돼지 숯불구이, 말고기 시식장, 메밀묵, 메밀범벅, 빙떡, 오메기술, 고소리술 시음장, 그리고 정기떡, 오메기떡, 오미자차, 초콜릿 시식코너 등이 이어져 있고 또 목공예, 죽공예, 짚풀 공예 체험장, 그 다음 특산물 전시장에서는 더덕과 된장이 판매되고 있었다.

어느덧, 비 그친 오후에는 더 흥겨운 전통 민속놀이마당 공연이 펼쳐졌다. 촐(꼴)베기, 달구질, 조밭다지기, 도리깨질, 절구 찧기, 맷돌 갈기, 검질 매기 등 머리에 수건을 두르고 갈옷을 입은 아낙네들 모습에서 얼핏 어머니를 보았다. 순간 어머니와 마주앉아 맷돌을 돌렸던 어린 시절이 떠올랐다.

축제마당에 해가 기울기 시작, 집줄 놓기 행사가 끝나자 신명나는 한마당 공연 영주산 풍물패가 오늘의 피날레를 장식했다. 나는 가훈 쓰기를 마무리하고 고경부 5촌이 부르는 천막으로 가서 여러 가지 음식을 시식했다. 함께 참석한 고홍기 동생과 고경환 5촌(전 성읍리 이장)과 정담을 나누면서 메밀묵, 메밀범벅, 빙떡을 어머니 솜씨와 비교하며 유년 시절로 돌아가 양껏 먹었다.

마이크에서는 오늘 행사의 총평을 알리는 현화진 이사장님의 우렁찬 목소리가 울려왔다. 참여한 공연자들을 일일이 치하, 종목마다 특색을 살린 점을 높이 평가하며 가훈 써주기 행사도 언급해주었다. 돌아가는 길, 부모님이 하늘에서 내려다보시는 것 같아 너무나도 행복했다.

(2010. 10. 17.)

제주 한림공원

— 財巖 宋奉奎 회장의 개척 정신

봄이 되면 가장 떠나고 싶은 여행지 제주도, 하늘로 치솟은 야자수 길 초록 동산을 걷기만 해도 힐링 되는 한림공원은 필수 코스다. 제주의 보석으로 각광받는 이곳은 1971년에 개장한 송봉규 설립자의 개척 정신으로 10만여 평 부지에 9개 테마로 조성된 한 해 약 100만 명의 관객이 찾아오는 별천지다.

제주도는 남한에서 제일 높은 한라산을 비롯하여 유네스코 세계자연유산으로 선정된 '만장굴'이 있는 천혜의 섬이다. 이제 대한민국을 넘어 전 세계인의 사랑을 받는 제주 한림공원. 내가 그 창시자 재암 회장을 처음 만난 것은 지난 1988년이었다. 고씨 종문회 주최 서화전을 열기 위해 제주에 머물고 있을 때였다.

이곳 중견 시조작가 화촌 고응삼 선생의 시 '翰林公園'을 한글 고체로 쓴 작품을 증정하는 자리였다. 자연을 사랑하며 개척하는 회장은 서화예술에도 조예가 깊어 내 작품을 기쁘게 받아 많은 사람이 드나드는 식당 중앙에 걸고 치하해 주었다. 작은 것에도 성의를 다하는 자상한 성격에 고개가 숙어졌다.

함께 공원을 돌아보면서 많은 이야기를 들려주었다. 지난 71년도에 고향인 한림읍 한림로 3번지 불모의 자갈 모래밭에 수천트럭의 흙을 운반하여 객토(客土)했노라고. 야자수와 관상수 씨앗을 심어서 가꾼 야자수 묘목들을 4년 후에 옮겨 심고 가꾼 것이 오늘의 장관을 이루게 된 것이라고 옛날을 회상하며 하늘을 우러렀다.

선각자 재암 회장은 일찍이 1970년도에 일본 대판에서 열린 '엑스포 70'에 참가하여 크게 깨달음을 얻은 후, 고향땅에 개척 정신의 싹을 틔운 것이다. 인간이 자연을 창조할 수 있다는 신념으로 이룬 창업이념은 애향정신이며 실천한 힘은 개척정신이었다. 관광개발이 제주의 미래 산업임을 간파하고 초지일관, 오늘의 한림공원을 이룩한 입지적 인물이었다.

간절히 구하는 자에게 내려진 하늘의 축복인가. 한라산 화산이 폭발하면서 용암이 흘러내려 검은 색의 용암동굴이 천장과 벽면으로 스며드는 석회수로 황금빛 석회동굴로 변해가는 것을 목격하게 된 것이다. 이 2차원적 복합동굴이 형성된 것은 자연의 섭리로 용암동굴이면서도 석회동굴에서만 볼 수 있는 석순과 종유석들이 자라고 있어 학술적인 가치를 크게 인정받아 천연 기념물 236호로 지정, 보호 받기에 이르렀다.

1981년에 모래 속에 파묻힌 쌍용 동굴을 발굴, 매몰되었던 협재 동굴 출구를 뚫어 석축을 쌓고, 새로 발굴한 쌍용 동굴과 연결하는 모험을 감행하는 대역사를 해내고 말았다. 그리고 2년 후, 새로 조성된 야자수 길과 연결된 협재 쌍용 동굴이 탄생, 공개함으로써 많은 관광객들을 유치하기에 이르러 한림공원의 명소로 부각된 것이다.

이어서 1986년 아열대식물원이 개장되었고, 독특한 재암 민속마을이 준공됨으로써 제주 유일의 공원으로 성장, 계속 재암 수석관, 제주 석 분재원, 새가 있는 정원, 연못 정원, 열대과수 온실, 사파리 조류원의 확대 등, 매년 지속적인 시설 확장을 하면서 오늘날 제주의 낙원을 조성, 우리나라뿐 아니라 외국 관광객도 탄성을 지르는 공원을 이룩했다.

2010년 세계지질공원 인증, 유네스코 자연 과학 분야 3관왕을 차지한 제주도는 세계 7대 자연 경관 선정으로 그 가치를 다시 한 번 인정받게 되어서 이 한림공원이 가장 각광을 받았다. 이제 대한민국을 넘어 전 세계인의 사랑을 받게 된 제주도로 부상한 것이다.

이렇게 초록빛 넘실대는 낙원이 확장되자 그 동안 좁은 식당 벽에 걸렸던 '한림공원'의 시가 세상 밖으로 나오고 싶었던 것일까. 봄이 되면 공원 초입에 매화와 벚꽃이 만발하는 꽃동산이 펼쳐진다. 그 품속에 포근히 안긴 시비 하나.

화창한 봄 4월, 찾아간 한림공원. 아름다운 '왕 벚꽃, 유채꽃 동산'이 개장되어 사방으로 꽃향기가 진동하는 무려 15,000평의 꽃동산에 흐드러진 꽃들이 장관을 이루고 있는 곳. 넋을 잃고 바라보다가 눈에 띈 것은 육중하게 드러누운 대형 오석에 당당히 새겨진 시비였다. 화촌 시인의 명시가 내 붓끝을 통하여 이곳에 영원히 남아 한림공원을 찬양할 것이다.

翰林公園

飛揚섬 한 폭 그림 재암천에 매어놓고
화산이 타다 남은 지하 용암 숨 쉰 자국
한 고을 따뜻한 나라 야자수 풀 열풍 일고

은근한 신비경은 무궁한 造化인데
쌍용, 협재 황금 동굴 설화마냥 꿈틀대고
땀 배인 아열대 식물원에 돌꽃송이 피었어라

굽이진 솔 길 따라 歲寒圖가 완연하다
이상향 월계마을 옛 정취를 예서 찾아
구름은 月溪亭 타고 달나라로 날은다

고응삼 짓고 고임순 쓰다

(2015. 4. 20.)

고임순 연보

1932년 5월 27일 새벽, 전북 전주 완산칠봉 君子亭에서 아버지 高京善, 어머니 宋麗石의 6남 3녀 중 장녀로 출생.

1937년 5월, 동완산동 한옥으로 이사. 아버지께 붓글씨 배움.

1939년 3월, 完山초등학교 입학.

1945년 3월, 공주사범학교 입학. 8·15광복을 맞아 전주여자중학교 편입. 문예부장으로 오빠(高廷基) 지도 받으며 교지 ≪綠星≫에 수필 〈내 고향〉 등 발표.

1947년 4월, 아버지 시 교육위원으로 활동. 자녀 교육에 힘쓰심. 학교 대표 탁구선수와 연대장으로 활약.

1950년 6·25한국전쟁 발발. 1·4후퇴 시, 제주도 어촌으로 피란, 3개월 후 복교, 졸업함.

1951년 3월, 전시연합대학 입학, 이듬해 서울 환도로 전북대학교(아버지가 설립자 중 한 사람) 문리대 국문과 편입.

1952년 4월, 가람 李秉岐 교수 지도로 가람동인(신석정, 김해강, 백양촌, 구름재, 최승범 시인 외 8명)으로 활동. 동인지 ≪새벽≫에 시 〈동백〉 〈백합〉 등을, ≪국어국문학≫지에 수필 〈눈길을 걸으며〉 발표함.

1954년 3월, 〈역대여류문학연구〉로 학사학위 받고 상경, 서울대 문리대 국문과에서 1년간 청강함.

1955년 4월, 이화여자대학교 대학원 국문과 입학, 지도교수 이

헌구 평론가. 대학원 학술지 ≪알파파이 알파≫에 〈장끼전〉 수록.

1957년 1월 16일, 韓龜永(문화춘추사 대표)와 결혼. 시부모님 모시고 두 시누이와 새 삶을 시작하다.

1958년 3월, 석사논문 〈고대소설에 나타난 사회성 고찰〉로 대학원 졸업.

1959년 3월 6일, 장녀 惠京 출생.

1962년 3월 10일, 장남 相郁 출생.

1964년 5월 10일, 차남 相津 출생.

1967년 4월, ≪女像≫지에 〈육아일기〉로 장원, ≪女苑≫지에 〈아늑한 요람의 앨범〉으로 우수상 받고 수필로 전향.

1975년 3월, 서울여자대학교 국문과에 출강, 이듬해 이화대학 국문과로 옮겨 강사 생활함. ≪신 문학개론(공저)≫(세음사) 펴냄.

1976년 4월호 ≪월간문학≫지에 〈난초 가꾸는 마음〉으로 등단, 1979년 ≪현대문학≫에 〈박꽃〉을 발표 문단에 나오다.

1977년 3월, 장녀 이대 영문과 입학, 장남 서울대 법대 입학(1980) 차남 서울대 상대 입학(1982), 3남매 교육에 주력함.

1980년 8월, 첫 수필집 ≪이 작은 불빛으로 내 생의 아침을≫ 펴냄.

1981년 9월, 인사동 동일빌딩 605호에 〈養德硏墨會〉 서예, 수필 연구실 개설, 천자문을 5곡 병풍에 담다.

1982년 수필문우회(회장 김태길) 운영위원, 감사로 선임됨.
8월, 대한민국 미술대전 입선. 아버지 추모전 열다(세종문화회관).

9월, 〈일본서전〉에 〈龍飛御天歌〉(동경도미술관) 출품, '전 일본미술신문사상' 수상.

1984년 7월 23일, 외손녀 陳賢西 출생.

제2수필집 ≪낮은 목소리로 오소서≫(문지사) 펴냄.

1985년 한국문인협회, 국제펜클럽 한국본부 입회. 이화 100주년 기념 〈동창문인회〉 창립회원 대표 에세이 ≪긴모리 자진모리 수필 〈질그릇〉 수록(미완)≫ (제자씀)

1987년 8월 10일, 외손자 陳光龍, 미국 버팔로에서 출생. 해산 간호하고 귀국. 시비 〈횃불이어라〉(통일공원) 쓰다.

1988년 12월, 제3수필집 ≪이 작은 행복≫(백문사) 펴냄.

호주 시드니 대한일보사 초청 서화전시 개최.

1990년 4월, 한국여성문학인회 입회. 이사로 활동함.

8월, 우리문학기림회(작고 문인 비석 건립) 회원이 되어 비석 글쓰기 담당. 홍사용 시인의 비석글 쓰다.

1991년 제9회 한국 현대수필문학상(수필문학진흥회) 수상. 기독교수필문학회 부회장 피선, ≪신앙수필연간집≫(교음사) 펴냄. 〈불빛〉 등 수필 20편 낭독함(기독교방송).

1992년 3월 18일, 장손 韓光炫 출생.

6월, 제4수필집 ≪사랑, 그 찬란한 생명의 무늬≫(문지사) 출간, 회갑기념 겸 출판기념회 개최(프레스센터).

8월, 유럽 3개국 미술계 탐방(미술협회 주관).

1993년 8월, 중국 서안에서 열린 〈난정필회 국제전〉에 참가(반야심경). 백두산과 윤동주 시인 모교 용정중학을 방문.

1994년 3월 20일, 손녀 韓承延 출생.
7월, 문인협회 문학기행(유럽 5개국) 참가.

1996년 1월, 제5수필집 ≪가슴으로 깊어지는 江≫(신아출판사) 펴냄. 출판기념 겸 서화전시를 전주 '민촌화랑'에서 개최. 6회 한국수필문학대상(수필문학사) 수상.

1997년 4월, 캐나다 토론토 '空 화랑' 초대 서화개인전 개최.

1999년 3월, 월간문학 신인상 심사. 협성대학교 문예창작과 출강, 수필선집 ≪하얀 저고리≫(교음사) 출간.

2000년 7월 20일, 작은 손자 韓同炫 출생.
11월, 풍양수필반 지도. 회원 수필집 〈내 마음의 작은 새〉(세손) 출간.

2001년 제6수필집 ≪약속≫(세손) 펴냄.
국민일보 〈여의도 에세이〉란에 2년간 수필 연재.

2002년 11월, 수필선집 ≪아 섬이 보인다≫(신아출판사) 출간. 고희기념 출판기념회와 서화개인전 개최(인사동 '공평아트센타').

2003년 1월, 제주도 서화 전시(문예회관), 수입금 전액을 '고씨종묘건립' 기금 희사함. 가족(아버지, 동생, 나) 이름으로.

2003년 5월, 안식년으로 영국 버밍엄에 가있는 막내아들집 방문. 아들 내외, 손자들과 함께 노르웨이 여행.

2004년 4월, 〈영인문학관〉(강인숙 관장) 정철의 '사미인곡' 전장을 증정.
9월, 러시아 선교사인 동생(高俊基) 주선으로 상트페테르부르크 '유니온센터'에서 성구 개인전(9회) 개최.

10월, 5회 〈새한국문학상〉(한국문인) 수상.
11월, 정지용문학상 심사하다.

2005년 1월 3일, 〈문학의 집 · 서울〉 입회
2월, 이스라엘기독교성지 순례하다.
8월, 큰아들의 대관령 별장 이름을 〈松雲山房〉이라 짓고 예서체로 써서 산방에 걸다.

2006년 2월, 제7수필집 ≪내 안의 파랑새≫(세손) 펴냄.
10월, 서울 문학인대회기념문집 ≪서울을 품은 사람들≫(문학의 집 서울)에 수필 〈지금 인사동은〉 수록.

2007년 8월 17일, 지병으로 투병하던 남편 하늘나라로 떠나다.
10월, 수필선집 ≪가오리鳶≫(현대수필가 100인선, 좋은수필사) 출간.

2008년 3월, 남편 유언 받들어 출판사 〈예온〉 등록.
9월, 제8 수필집 ≪자작나무≫(예온) 펴내고 실크로드 스케치 여행 떠나다.

2009년 3월 30일, 문인협회 시낭송 문학기행(태국, 캄보디아 여행).
8월, 남편 2주기 추모 서화전(10회)개최. 인사동 '백악미술관' 제9수필집 ≪묵향 속에서≫(예온)을 참석자들에게 증정.
9월, 이선애 수필집 ≪내 마음 물들이고≫(예온) 펴내다.

2010년 6월, 러시아 목사(高俊基) 동생의 동방선교 보고시집 ≪긴 동굴 속 빛이 되어≫(예온) 펴내다.
11월, 도쿄대학 법학과 교수 中山信弘과 김앤장 변호사 韓相郁 공저 ≪知財의 窓으로 미래를 보다≫(예온) 펴냄.

2011년 5월, 8순 기념으로 딸과 함께 미국여행(뉴욕, 워싱턴, LA).

10월, 마포신문사 주최 백일장 심사. 양화진성지
11월, 추수감사절에 '성구 개인전(11회)' 개최, 수익금을 대신 교회에 헌금.

2012년 5월, 제10수필집 ≪구름유희≫(예온) 펴냄. 26일, 임실 박사마을에 〈許世旭 문학비〉 비석글 쓰고 건립.
6월, 울산 〈선갤러리〉(이선애 관장) 초대 '팔순 서화전(12회)' 열다.

2013년 10월, 부모님 추모, 제주 〈정의골 축제〉에 '가훈 쓰기' 담당. 12월, 〈성읍 전수관〉 개관 기념으로 선친 '회갑휘호'와 내 작품 '漢拏靈峰'을 기증.

2014년 3월, 제11수필집 ≪비움 그리고 채우기≫(선우미디어) 펴냄.
5월, 나의 소장품 〈연적, 도자기전(문학의집 서울)〉 개최.
8월, 춘천 실레마을에 〈金裕貞문학비〉 건립.

2015년 1월 1일, 乙未년 青羊해 새 아침, 딸 韓惠京(명지전문대 문창과 교수), 장남 相郁(김앤장 변호사), 며느리 金慈卿(서울대 언론정보학 박사), 차남 相津(울산대 사회학 교수), 며느리 黃美英(부산 가톨릭대학 사회복지학과 교수), 외손녀(陳賢西 이화여대 경영과 대학원 졸), 외손자(陳光龍 고려대 경영과 4년), 큰손자(韓光炫 외대 독문과 2년, 독일프랑크푸르트대학교환학생), 손녀(韓承延 캠브리지 자연과학대 3년), 작은손자(韓同炫 부산장전중학 1년)들의 세배 받고 감사 충만.
20일, 〈해오름달 迎春展〉(서예문인화) '鄉心'(김상용 시) 출품.
5월 4일, 수필선집 ≪골목길≫(선우명수필38) 펴냄.
7월 7일, LA 작가의 집 아트홀 초대 서화전시(13회)

9월 17일, 한국펜클럽 주최 '세계한글작가대회' 경주화백센터 주제글 〈한글, 문학을 노래하다〉 쓰고 참가함.

12월 20일, 문학의 집 서울 초대 '내 마음의 書'(14회 서화) 전시회 한달간 개최.

2016년 丙申年 새 각오로 수필집 출간준비 시작함.

1월, 진현신(외손녀) 〈인포마스터〉 대리 승격함.

2월 25일, 진광용(외손자) 고려대 졸업. (삼일회계 법인) 입사.

6월 22일, 한승연(손녀) 캠브리지 자연과학대학 졸업.

6월 4일, 자연 사랑 문학제 참가.(문학의집 서울)

7월 20일, 한국미술50년사 작품, 珍島江亭 수록 출판기념회(인사동 한국 미술관)

8월, 제12수필집 ≪메아리≫(신아출판사) 출간.

11월, 제주 세종갤러리(전윤희) 서화 초대전(15회) 및『메아리』수필집 출판기념회 개최.

■ 평설

내일을 향한 도전장

김우종(문학평론가)

1. 제2의 인생

고임순은 지금 과녁을 향해서 온 신경을 집중시키고 활시위를 힘껏 당기고 있다. 금년(2016년) 3월작 〈활을 쏘다〉의 맨 끝에서 하고 있는 말이다.

그런데 이 궁수(弓手)는 아직 그렇게도 젊었나? 소총은 가볍게 손가락 하나만 움직여도 발사가 되지만 활은 체력이 받쳐 주지 않으면 시위를 당기는 것부터가 어렵거늘.

그런데 고임순 작가는 작품 속에서 이렇게 밝혀 놓고 있다. 자신에게 '세 살 버릇 여든까지 갔는가' 했으니 여든이 된 것은 확실하다.

인생 80이면 만년설로 덮여 있는 히말라야 산봉이나 킬리만자로의 정상에 비유해도 틀린 말은 아니다.

이런 나이에 산꼭대기 만년설을 밟고 서서 활시위를 힘껏 당기는 여인이 있다면 참 멋진 장면일 것 같다.

수필가 고임순은 궁수는 아니지만 창작활동에 임하는 자세를 이렇게 과녁을 노리고 시위를 당기는 몸짓에 비유하고 있다. 찬바람에 머리를 휘날리면서도 조금도 흔들림 없이 과녁을 향해 활을 쏘듯 여전히 창작에 열정을 쏟고 있는 것이 사실이기 때문이다.

이런 활쏘기의 비유는 고임순의 성장과정과도 관계가 있다. 활터에서 태어나고 자랐기 때문이다.

작자의 백일 사진에는 군자정(君子亭)이라 쓰여 있다고 한다. 군자정은 전주의 유명한 활터이며 아버지가 딸의 출생지를 그렇게 적어 놓은 것이다. 아버지가 제주도에서 전주로 발령 받고 그곳에 부임해 왔을 때는 미처 살림집이 준비되지 않은 상태여서 군자정 숙소에 머물게 되어 여기서 이 작가가 태어났던 것 같다. 그래서 어린 시절부터 활쏘기를 보며 자라고 거기서 배운 궁도(弓道)가 문도(文道)가 되고 서도(書道)가 되면서 창작생활은 작품 하나하나마다 과녁의 맨 중앙을 맞추는 '명중'이어야 했던 것이다.

그런데 이런 명중을 위한 활쏘기가 이순을 넘기고 고희를 넘기면서도 가능할까?

〈햇빛 한 숟가락〉(2014년)은 이 질문에 대한 답이다.

작자도 7순이 넘으니 남들처럼 노년의 절차를 밟기 시작한다. '후천적 노인성 백내장으로 눈이 흐려졌기 때문이다. 활시위를 당기는 일은 그쳐야 할 나이다. 남들도 대개 그렇다. 이미 저세상으로 간 사람들도 많다. 그런데 작자는 이를 받아들이지 않고 있다. 수술에 성공한 후 새 인생을 위한 도전을 시작하고 있다.

> 나는 새롭게 도전정신이 살아나는 이 순간을 뜨겁게 사랑하리라. 모든 경계를 넘어 퍼져 나갈 것이니까. 햇빛 한 숟가락이 온 천지로 번져 눈부시는 한여름 낮, 어지러웠던 허상들을 말끔히 걷어 낸 눈앞에 도전할 새 꿈이 솟아났다.
>
> —〈햇빛 한 숟가락〉 중에서

'노인성 백내장'이란 노년층들에게는 매우 화를 돋구는 가해성 명칭이다. 그냥 눈이 흐려졌다는 것이 아니라 '늙었다'는 수식어가 붙어 있기 때문이다. 그것은 소달구지가 지나간 진흙길처럼 자글자글 주름이 지고 매력이 달아나버린 얼굴을 연상하게 만드니 특히 여성들에게는 모욕적인 표현이다.

그런데 수술 다음 날 안대를 풀고 바라본 세상은 너무도 밝았다. 백내장도 사라졌고 '노인성'이란 악담도 사라졌다. 미래를 향한 새로운 도전장을 던지게 된 계기가 이것이다.

2. 생명의 축제

백내장 수술의 성공은 눈이 좋아졌다는 것만이 아니다. 작자에게는 모든 것이 젊어진 것으로 받아들여지고 있다. 그래서 모든 사물에서 남들이 듣지 못하는 옛 이야기를 듣고 발랄한 생명의 소리를 듣는다. 수필가가 선택하는 소재는 많은 사람이 같을 수가 있지만 산과 들과 바다와 별등 동일 소재에서 생명의 소리를 많이 듣는 사람과 아닌 사람의 차이가 나타난다. 〈대관령 흙길을 밟으며〉도 그런 특성을 매우 잘 드러내고 있는 우수한 작품이다.

작자는 대관령 옛길을 걷고 있다. 강릉시와 평창군 사이의 길이다. 그 길을 걸으면 돌과 풀과 나무와 하늘을 보고 운이 좋으면 검은 제비나비도 보고 오색딱따구리도 만나고 잠시 시원한 냇물로 땀에 젖은 얼굴을 적실 수도 있을 것이다. 그 밖에 더 무엇을 보고 들을 수 있을까?

작자는 남의 눈에 보이지 않고 남의 귀가 듣지 못하는 옛 전설도 많이 듣고 말하고 있다.

> 수백 년 세월을 넘어 내 앞에 오롯이 선 흙길을 밟으며 나는 옛사람이 된다. 옛 선비들이 괴나리봇짐에 짚신 신고 과거 보러 가던 길, 신사임당이 어린 율곡 손을 잡고 시댁이 있는 한양을 오고 가던 길, 아기를 들쳐 업고 광주리를 인 행상

아낙네와 지게 진 나무꾼들이 묵묵히 땀 뿌렸던 길. 이 길을 오고 갔을 많은 사람들 발자국이 점을 찍어놓은 흙길 위에 나도 점을 찍듯 걸어갔다. 이 길 위 시간은 흘러왔고 또 지금 흘러가고 있는 것이다.

— 〈대관령 흙길을 밟으며〉에서

이것은 작자가 대관령 고개를 넘으며 보고 느낀 것의 일부다. 작자는 이렇게 옛 전설을 듣고 다시 한 폭의 그림 같은 현장으로 돌아오고 다시 시간 비행을 통해서 옛 이야기를 그려 나간다. 물론 이것은 옛 대관령 길에 대한 풍부한 지식이 있어야 가능한 것이지만 지식의 나열만으로 작품이 만들어진 것은 아니다. 흙길을 걸으며 풍부한 상상력이 이런 그림을 그려 나간다. 그리고 그 상상력은 눈에 보이는 대상으로부터 얼마나 싱싱한 생명의 소리를 들을 수 있느냐에 따라서 그 상상세계의 깊이와 넓이가 달라진다.

이런 점에서 보면 이 작가는 남달리 예리하고 섬세한 감성을 지니고 있다. 옛 이야기는 이미 과거로 사라져 버린 것이지만 작자의 의식 세계에서 그들은 모두 새 생명을 지니고 되살아난다. 신사임당도 그렇게 살아나고 어린 율곡도 그렇게 살아나고 나무꾼도 과거보러 가는 괴나리봇짐의 선비도 모두 그렇게 재생된다.

사임당은 가마를 타고 상인들도 우마차를 이용한 상거래로 활기 찬 삶을 누렸으리라. 과거길 선비들이 말을 타고 달리고, 신랑을 태운 노새와 신부를 태운 꽃가마가 넘었을 낭만가도. 어디서 죽장에 삿갓 쓴 방랑 시인의 시 한 수가 들려오는 것만 같다. 덜커덩거리는 소달구지를 탄 개구쟁이들 웃음소리도 깔려있는 것 같은 옛날 옛적의 흙길.

— 〈대관령 흙길을 밟으며〉에서

아득히 멀어져 간 옛 풍경을 이렇게 생생하게 재생시키고 있는 작자의 상상력이 놀랍다. 그리고 작자가 남달리 섬세하고 예리한 감성을 지니지 않았다면 이런 생명의 되돌림은 가능하지 않을 것이다. 그러므로 작자는 '노인성 백내장' 수술로 시력만 회복한 것이 아니라 밝은 세상을 보는 순간 옛 청춘처럼 젊음을 되찾은 것이다. 그리고 그런 발랄한 생명력의 획득은 '노인성' 선고로 인한 한때의 좌절에 대한 보복과 강인한 의지가 만들어낸 것이 아닐까?

3. 감성수필의 매력

새 생명의 발랄한 의지는 〈빨간 의자〉에서 더욱 선명하게 나타난다.

작자는 서울의 중구청과 가까운 골목길 몇 군데를 찾아다닌다. 수필집의 표지지와 본문지를 사고 제작을 맡긴다. 남편이 하던 일을 맡고 나선 것이다. 그러는 동안 너무 지쳐서 기진맥진이다. 아무 데라도 털썩 주저앉고 싶었을 것이다. 그런 작자의 눈에 가구점의 빨간 의자가 눈에 들어온다. 작자는 값이 얼마냐고 물으면서 털썩 주저앉아 버린다. 그런 후 집에 실려 온 의자에 대한 사랑은 남다르다. 철제 의자의 기능성도 있지만 특히 사랑을 받는 이유는 빨간색 때문이다.

여기서 작자의 두 가지 측면이 분명하게 나타난다. 하나는 작자의 체력이며 기울어져 가는 나이다. 오장동 인쇄소 골목을 누비고 다니는 모습이 정열적인 면도 있지만 그토록 지쳐 있었다는 것은 많이 기울어진 나이를 의미한다. 그뿐만 아니라 그렇게 오장동 골목을 돌아다닌 것은 '외로움을 극복하기 위해 과감하게 뛰어든 출판사업' 때문이라고 말하고 있다.

여기서 말하는 외로움은 남편과의 사별을 의미한다. 그러므로 작자가 을지로 어딘가의 전철에서 내린 후 그처럼 피곤한 발걸음을 옮긴 것은 인생의 시간이 가리키는 허무의식만이 아니라 사랑하는 사람과의 이별의 슬픔도 은연중 암시하고 있다. 그래서 이 나이를 극복하고 인생의 동반자와의 이별의 슬픔을 이기기 위한 몸부림으로 읽혀진다.

이렇게 본다면 빨간 의자는 특별한 의미를 지닌다. 기울어져 가는 인생의 나이와 사랑하는 이와의 사별의 슬픔은 빨간

색과는 정반대이기 때문이다.

이 색깔을 선택하고 있다는 것은 그런 자신의 외로움에 대한 정면의 도전이다. 붉게 타오르는 태양처럼 자신의 정열을 태우며 힘차게 제2의 인생을 찾으며 솟아오르겠다는 것이다.

이런 점에서 〈빨간 의자〉는 〈햇빛 한 숟가락〉과도 비슷하다. 백내장 수술이 끝난 후 밝은 세상을 보면서 제2의 젊은 인생을 시작했듯이 〈빨간 의자〉에서는 이글이글 불타오르는 태양과 비슷한 빨간 색으로부터 강렬한 자극을 받고 있으며 그만큼 작자는 사물에 대한 감각적 반응의 농도가 짙기 때문이다. 이런 민감한 감성의 눈으로 보고 느끼며 작품 세계를 만들어간다는 점에서 고임순의 작품들은 감성적 수필의 특성이 짙자, 그리고 그런 감성으로 훌륭한 기행 수필의 수준을 보여 준 것이 〈대관령 흙길을 밟으며〉다.

〈메아리〉도 이런 특성을 지닌다. 이처럼 예리하고 섬세한 감성적 반응이 이 수필을 우수작으로 만들어 내고 있다. 발걸음을 옮기며 찾아가는 경포 호수와 향호(香湖)와 갈대숲은 작자의 상상력에 의해서 한껏 아름다움의 극치를 연출하며 독자를 매혹시킨다. 송강 정철의 〈관동별곡〉이 언급되기도 하지만 겉멋에 치우쳐 순수성을 잃고 있는 그의 문장은 고임순의 수필에서 되새길 필요는 없었겠다.

작자는 호수가의 벤치에 앉아서 호면을 응시하며 이 세상

많은 모습들을 그려낸다. 그런 풍경들은 작자가 아니라도 누구나 기억 속에 간직하고 있는 것이지만 이 수필이 감동적인 이유는 세련되고 성숙한 문장과 함께 사물을 보고 느끼는 감성의 농도 때문이다. 그리고 호수의 아름다운 풍경이 지니는 회화적 가치와 작자의 마음속에 그려진 풍경이 오버랩 되며 더욱 깊고 그윽한 이야기가 연출되고 있기 때문이다.

이런 작품들을 통해서 나타나는 고임순의 작품세계는 크게 보면 두 가지의 특성이 두드러진다. 세련된 우수한 문장력이나 넓고 깊은 상상의 세계나 구성문제 등은 굳이 언급하지 않아도 되지만 다음 두 가지는 고임순 문학의 특성으로 지적되어야 할 것이다.

지금까지 몇 작품에서 살펴 본 바와 같이 작자는 이 세상 모든 사물에 대한 섬세하고 예리한 감성적 반응으로 수채화를 그려 나간다.

수필은 논리적 서술을 통해서 예리하게 우리들의 인생의 내면과 외면을 파고들며 새로운 가치를 발견해 나가는 산문이기도 하지만 감성적 반응이 이보다 큰 비중을 차지하는 작가들도 많다. 고임순은 이 두 가지 유형 속에서 후자에 더 기울어진다. 수술을 마치고 다음날 안대를 풀면서 밝은 햇살에 너무도 즐거워하고 제2의 젊은 인생으로 돌아가는 것은 감성적 반응이다. 눈이 좋아지고 세상이 밝아지면 갑자기 힘이 솟고 젊음을 되찾는다는 것은 그래야만 될 이론적 근거를 갖고 설명된 것이 아니다. 또 빨간 의자도 마찬가지다. 빨간색에서 힘을 얻고 외로움을 극복해 나가려는 반응을 보인 것은 작자가 남달리 섬세하고 민감한 감성적 반응의 소유자이기 때문이다. 다시 말해서 작자가 사회인으로서 어떤 이유로 다시 정열을 불태우고 싶었는지에 대한 이유는 별로 서술되지 않고 있는 셈이다. 이런 민감하고 섬세한 감성적 자질과 특성은 작자로 하여금 모든 사물에서 남달리 그 호흡을 느끼고 생명의 소리를 듣게 하며 아름답고 감동적인 수필세계를 만들어 내고 있다.

다만 이것은 고임순의 수필이 지닌 서술 구조의 특성을 말하는 것일 뿐, 논리적 사고의 서술 형태가 없다는 것이 결코 아니다. 윤동주가 죽은 후쿠오카를 찾아 간 작가는 일제의 만행에 분노를 느낀다. 이런 분노는 감성의 반응도 크지만 이성적 판단의 논리가 깔려 있다. 그리고 분노할 수밖에 없는 역사적 사실에 대해서도 많이 설명하고 있다. 다만 작자는 그런 사실을 적어나가면서도 역사의식이나 사회의식으로 이를 이론적으로 서술하는 것이 이 작가의 특성이라고 보기는 어렵다.

작자는 옛 후쿠오카 형무소 뒷마당(百道 西公園)에서 열린 추도식에 참가한다. 그리고 땅바닥에서 작은 풀꽃 하나를 발견한다.

'아! 풀꽃' …작자는 이렇게 풀꽃 하나를 보며 감탄한다.

메마른 땅 돌 틈을 비집고 올라온 강인한 생명, 안개꽃 같은 가냘픈 모습으로 시인의 이름 석 자 묻힌 이곳에 자랑처럼 핀 풀꽃이여. 양지 바른 언덕을 마다하고 그늘진 음지일지라도 자유롭고 의롭게 살고자 정의에 굴하지 않던 시인의 투철한 의지가 한 서린 입김으로 피었는가. 아니, 그늘진 구치소 언 땅을 뚫고 제일 먼저 봄을 알리는 정령은 소박한 향기로 시인을 추모하며 속삭이고 있었다. 우리에겐 겨울만이 있었던 게 아니라고.

— 〈아! 풀꽃〉에서

이 수필에는 윤동주의 시가 나오고 생애가 나오지만 특히 수필로서의 문학적 가치를 살려 낸 부분은 풀꽃의 발견이다. 작은 풀꽃 하나를 발견하고 '아! 풀꽃' 하며 감탄사가 터져 나오게 된 것은 작자의 예민한 감성이 있었기 때문이다. 여기서 "우리에게 겨울만 있었던 게 아니라고" 한 말은 특히 감동적이다.

4. 인간 운명에 대한 도전

고임순 수필의 또 하나의 특성은 발랄한 생명력이다. 한국 문단에서 80대는 대개 숨소리가 들리지 않는다. 아니 70대도 그렇다. 죽었다는 말이 아니라 활동을 멈추고 있기 때문이다.

한국문인의 단명 론은 이미 근대문학의 초기부터 있어 온 바이므로 고임순의 경우는 좀 특별한 현상이다. 수필분야는 비교적 다른 장르보다 수명이 길지만 고임순은 좀 특별하다.

이것은 이 작가가 남달리 건강하기 때문이라고도 할 수 있겠지만 〈햇빛 한 숟가락〉이나 〈빨간 의자〉에서 나타나는 정열은 좋은 건강 때문이기보다는 인생의 나이에 대한 도전이며 짝을 잃은 외로움에 대한 반발의 의지 때문이다.

수필 쓰기가 제2의 인생을 위한 도전장이 되고 있는 셈이다.

아니 수필만이 아니다. 작자는 군자정 활터에서 활쏘기를 보며 자랄 때부터 먹을 갈고 운필의 재주를 익히며 훗날 많은 제자들을 길러낸 서예가다. 작년(2015년 11월)에도 서예전을 열며 젊은이들도 감히 엄두를 내기 어려운 큰일을 해냈다.

이런 자신을 작자 자신은 과녁을 향해 힘껏 활시위를 당기고 명중을 노리는 궁수의 몸짓에 비유하고 있다. 허술한 실수는 용납하지 않겠다는 것이다.

그런데 80대라면 백발노인이라는 대명사도 있기 때문에 만년설 산봉의 여인을 그려 보기도 했지만 여기에는 더 큰 의미가 있다.

헤밍웨이의 〈킬리만자로의 눈〉에는 만년설의 이 꼭대기에서 동사한 표범의 이야기가 나온다. 가까이에 있는 좋은 먹이를 몰라보고 그곳까지 올라갔다가 죽은 표범을 통해서 작중 인물들의 이야기를 은유적으로 전개시켜 나간 작품이다.

그런데 킬리만자로의 만년설처럼 백발(실제로 고 작가는 백발은 아니지만)이 다 된 작가의 그 모습은 결코 표범의 실수 같은 것이 아니다. 작자가 80 고개의 정상에서 지금도 힘껏 시위를 당기는 것은 누구나 늙어서 죽음의 길로 가야만 하는 근원적 숙명적인 인간의 비극에 대한 오만한 거부이며 도전이다.

생로병사의 운명은 누구도 거부할 수 없다. 그렇기 때문에 일찍부터 얌전히 이를 받아들이려고 숨소리마저 죽이며 늙어가는 사람이 많다. 그런데 이와 달리 마지막까지 이에 도전하며 인간의 고독과 슬픔에 맞서는 사람도 있다. 고임순은 그렇게 도전을 위하여 수필을 쓰고 먹을 갈고 있다. 그래 봤자 인간은 모두 주어진 운명대로 살다 가는 것이지만 이에 대하여 마지막까지 도전을 멈추지 않는 사람은 결코 패자는 아니다.

고임순은 그렇게 마지막까지 발랄한 생명력으로 여전히 젊음이 넘치는 수필세계를 만들며 감동을 전하고 있다.

(2016. 4.)

고임순 수필집

메아리

인쇄 2016년 8월 17일
발행 2016년 8월 25일

지은이 고임순
발행인 서정환
펴낸곳 신아출판사
주소 전북 전주시 완산구 공북 1길 16(태평동 251-30)
전화 (063) 275-4000 · 0484 · 6374
팩스 (063) 274-3131
이메일 shina2347@naver.com sina321@hanmail.net
출판등록 제465-1984-000004호
인쇄 · 제본 신아출판사

ISBN 979-11-5605-350-7 03810
값 17,000원

이 도서의 국립중앙도서관 출판예정도서목록(CIP)은 서지정보유통지원시스템 홈페이지(http://seoji.nl.go.kr)와 국가자료공동목록시스템(http://www.nl.go.kr/kolisnet)에서 이용하실 수 있습니다.(CIP제어번호: CIP2016018725)

Printed in KOREA